▼ 幼儿园区域活动材料丛书

广东省教育教学成果（基础教育类）一等奖
"幼儿个别化学习的'支架式'课程体系的研究与建设"成果之一

幼儿园语言区
材料设计与评价

王微丽　霍力岩　主编

中国轻工业出版社

图书在版编目(CIP)数据

幼儿园语言区材料设计与评价/王微丽,霍力岩主编．—北京：中国轻工业出版社,2018.5(2023.10重印)

(幼儿园区域活动材料丛书)
ISBN 978-7-5184-1800-8

Ⅰ.①幼… Ⅱ.①王…②霍… Ⅲ.①语言教学-学前教育-教学参考资料 Ⅳ.①G613.2

中国版本图书馆CIP数据核字(2017)第312724号

保留所有权利。非经中国轻工业出版社"万千教育"书面授权,任何人不得以任何方式(包括但不限于电子、机械、手工或其他尚未被发明或应用的技术手段)复印、拍照、扫描、录音、朗读、存储、发表本书中任何部分或本书全部内容,以及其他附带的所有资料(包括但不限于光盘、音频、视频等)。中国轻工业出版社"万千教育"未授权任何机构提供源自本书内容的电子文件阅览、收听或下载服务。如有此类非法行为,查实必究。

责任编辑：吴　红
策划编辑：吴　红　　　　责任终审：杜文勇
责任校对：刘志颖　　　　责任监印：吴维斌

出版发行：中国轻工业出版社(北京东长安街6号,邮编：100740)
印　　刷：三河市双升印务有限公司
经　　销：各地新华书店
版　　次：2023年10月第1版第6次印刷
开　　本：710×1000　1/16　印张：15.75
字　　数：100千字
印　　数：15001—18000
书　　号：ISBN 978-7-5184-1800-8　定价：60.00元

读者热线：010-65181109,65262933
发行电话：010-85119832　传真：010-85113293
网　　址：http://www.chlip.com.cn　https://www.wqedu.com
电子信箱：1012305542@qq.com

如发现图书残缺请与我社联系调换
231606Y1C106ZBW

本 书 编 者

主　编：王微丽　霍力岩
副主编：刘　隼　何红漫　范　莉
编　者：刘　隼　何红漫　张艳茹　范　莉　赵文琪

丛书序一

　　《幼儿园区域活动——环境创设与活动设计方法》一书出版以来,引起了幼教同行的积极反响。从全国各地来到深圳市莲花二村幼儿园参访的老师和一些读过这本书的老师常常会跟我说:"如果能系统地把你们区域活动的这些材料整理出来就好了!"实际上,多年来我们坚持不批量生产区域材料,就是希望每一份材料都有其独特性,无形中要求每位教师去发现孩子、理解孩子,让每份亲手制作的材料都蕴含教师对儿童的专业解读与引导,更好地支架儿童的适宜性发展。

　　近几年,我们力求用图文并茂的方式,直观地将孩子们很喜欢摆弄且富有教育内涵的"一份一份的材料",这些凝聚了老师们的教育智慧与辛勤劳动的儿童个别化学习材料,完整地记录并展示出来。这对于分享我们的课程研究成果,助力一线教师的专业发展,是一件很有意义的事情。

　　如今,展现在您面前的这套"幼儿园区域活动材料丛书",汇总了我们幼儿园经过十多年探索、实践和打磨的经典区域活动材料。对于每一份材料的组成部分、设计原理、使用方法和教育价值,我们都如数家珍,一一奉上。我们希望这套丛书,除了作为范例,还能引发教师们对这种"支架儿童的个别化、主动学习"的区域材料的研发与拓展兴趣,从中更加明白如何提供给儿童最适宜的学习操作材料。欣喜之余,仿诗一首,聊表感恩——

　　新千年的钟声,敲响了课程起航的号角;
　　恰好那年,四名亲爱的老师,在炎热的盛夏,赴京学习蒙氏奥妙。

精巧深邃的智慧，点化消融成一份份的材料，
启迪我们，发现孩子童年秘密的通道——
要用智慧与爱，拨亮生命自信的光芒；
要让吸收性的心灵，拥抱爱与自由，绽放微笑。

追随着蒙氏的脚步，接触到世界的前沿；
扎根在深圳的土壤，我们敢为人先。
从蒙台梭利，到多元智能；
从《纲要》《指南》，到文化传承。
个别化学习，环境化教育；
丰富性、吸引性、层次性、引导性；
——这都是我们的理念。
打开这套凝聚理论智慧、实践经验的丛书，
一抹慧智，一捧童心，皆在玉壶。
但愿给你，有益的借鉴。

来自偶然，像一粒微小的尘土，
情归何处，用感恩浇灌漫漫长路。
感谢深圳市投资控股有限公司幼教管理中心的领导，为我们鸣锣开路、挡风遮雨；
感谢北京师范大学的霍力岩教授和您的学术团队，有您的指引，我们不至于迷失；
感谢香港大学的李辉教授，陕西师范大学的赵琳、刘华教授，时常前来指点迷津；
感谢我们莲花二村幼儿园所有的教职工，有你们的付出和智慧，才有今日的芬芳；
感谢一起走过的莲子宝贝和家长们，你们的喜爱和成长，是我们源源不

断的动力。

感恩的心，感谢有你；

花开花落，永远珍惜。

深圳市莲花二村幼儿园园长

王微丽

2017 年 9 月

丛书序二

在我国，自20世纪80年代的幼儿园课程改革以来，区域活动成为幼儿园课程的主要组成部分。学前教育工作者从理论、模式、策略、材料等多个方面，对如何有效地开展区域活动，从而支持儿童的主动学习和全面发展进行了广泛与深入的探索。这些探索实际上受到了我国改革开放、社会变革、文化引入与融合等复杂而深刻的影响，其中最引人瞩目的，不外对世界范围内先进课程模式的模仿与借鉴。幼儿园区域活动作为一种"舶来品"，从文化历史学的分析来看，正是欧美文化对中国学前教育课程实践的形塑。最初涌入的这些区域活动类型主要包括蒙台梭利教学法中的个别化区域学习及操作，高宽课程中的室内学习区，以及方案教学中的个别或小组操作、实验等。在引入及学习这些课程模式的背后，进步主义、人本主义、认知建构主义、社会建构主义等欧美主导的心理学和教育学理论开始涌入我国教育界，尊重儿童的权利、强调儿童主体性的发挥，成为许多幼教界人士的共识。由观念转变深化到实践变革，幼儿园区域活动逐渐成为促进儿童主动学习和个别化学习，弥补传统集体教学活动不足的重要课程形式。

然而，从我国改革开放至今，学前教育界对区域活动的开展一直存在不同见解。在教学实践中，对区域活动的环境布置、材料投放、开展过程以及支持策略，"仁者见仁，智者见智"。比如说，区域活动所提供的材料常常被划分为高结构、低结构、无结构（自由）等不同类型，而区域活动的开展过程也会有独立开展、两人合作、多人参与等不同形式。由于国家层面缺乏对幼儿园课程的明确指引，加上园本课程的"百花齐放"，渐渐地，区域活动的开展开始各自为政,没有标杆,区域活动的开展质量也存在良莠不齐的现象。如何有效地开展幼儿园区域活动,包括区域材料的设计与制作、区域环境的布置、对幼儿学习的支持、区域活动的评价,等等,成为一直萦绕在幼儿园一线教师(尤其是新手教师)心头的疑团。

实际上,幼儿园区域活动的开展,关键要素有四个:环境、材料、儿童和教师。实现良好的区域环境布置和材料投放,是区域活动中儿童主动学习及教师有效引导的前提。以苏联心理学家维果茨基为主要提出者的社会文化历史理论提出,环境与材料是实现教学主体(教师)与客体(儿童)之间有效关联的中介,是促进儿童实现有效学习的工具与内容。可以说,区域活动材料是开展幼儿园区域活动的突破口。但是,据我们观察,目前我国的很多幼儿园教师并不了解有效区域学习材料的制作与投放,更不清楚如何在区域活动中支持和评价幼儿的学习。幼儿园区域活动开展时的要素关联很难得到有效的建立,幼儿的主动学习和有效学习也得不到保障,关键经验得不到提升。

2000年,深圳市莲花二村幼儿园开始借鉴蒙台梭利教育法,既遵照蒙氏材料的丰富性、吸引性、层次性、引导性等关键原则,又根据中国儿童的发展特点和需要,立足于深圳市乃至中国的社会文化土壤,开发出了体系化的、丰富的、适合中国幼儿的区域活动材料。在长达17年的反复实践中,该幼儿园的教师团队不断学习新的课程理论与方法(包括高宽课程、多元智能理论等),对其园本区域活动进行了持续的优化。2014年,由该幼儿园的教师编写的《幼儿园区域活动——环境创设与活动设计方法》正式出版,对幼儿园区域活动的开展经验进行了全面的总结,从区域环境的创设、区域材料的投放、区域活动的组织、区域活动的评价等多个方面为幼儿园一线教师提供了一本理论扎实、操作性强的参考书。

在这本书的基础上,该幼儿园的教师团队为了进一步分享区域活动开展的经验,以幼儿园区域材料的设计与评价为侧重点编写了"幼儿园区域活动材料丛书",对应《幼儿园教育指导纲要(试行)》(以下简称《纲要》)和《3—6岁儿童学习与发展指南》(以下简称《指南》)的要求,从数学区、语言区、科学区、社会区、艺术区、生活区等领域，完整地呈现了他们对幼儿园区域材料的研究与实践成果。该丛书既详细地阐述了关于区域活动的理论与方法，又通过大量真实的区域活动案例生动地介绍了不同区域的材料设计与评价，这对于广大幼儿园教师开展区域活动具有非常高的借鉴价值和很重要的指导作用。通过阅读这套丛书，我们能够更清楚地了解到，幼儿园教师应该如何设计、制作和投放区域材料，应该如何基于区域活动支持和引导幼儿的个别化学习、主动学习与探索，应该如何观察和评价区域活动中的幼儿。

北京师范大学教育学部学前教育研究所教授

霍力岩

2017 年 10 月

目录

丛书序一 ……………………………………………………………… i

丛书序二 ……………………………………………………………… v

第一章　解读语言区 / 1

第一节　语言区概述 ……………………………………………… 3
一、语言区基本概念 …………………………………………… 3
二、语言区教育功能 …………………………………………… 3
三、关键经验及思维导图 ……………………………………… 6

第二节　语言区环境 ……………………………………………… 8
一、语言区环境的特点 ………………………………………… 8
二、语言区物品的摆放 ………………………………………… 12
三、语言区的标识 ……………………………………………… 16

第三节　语言区材料 ……………………………………………… 19
一、语言区材料特点 …………………………………………… 20
二、语言区材料投放 …………………………………………… 29
三、语言区材料预览 …………………………………………… 40

第二章　语言区材料案例 / 43

第一节　小班语言区 ·· 45
一、小班语言区设计思路 ·· 45
二、小班语言区活动导航 ·· 45
三、小班语言区材料案例 ·· 46

第二节　中班语言区 ·· 90
一、中班语言区设计思路 ·· 90
二、中班语言区活动导航 ·· 91
三、中班语言区材料案例 ·· 91

第三节　大班语言区 ·· 136
一、大班语言区设计思路 ·· 136
二、大班语言区活动导航 ·· 136
三、大班语言区材料案例 ·· 137

第三章　教师对幼儿的支持 / 187

第一节　单次活动中教师的支持 ·· 189
一、小班案例分析 ··· 189
二、中班案例分析 ··· 192
三、大班案例分析 ··· 195

第二节　语言区学习故事 ·· 198
一、教师记录方法 ··· 198
二、教师记录案例 ··· 201

第四章　语言区活动评价 / 209

第一节　语言区材料评价方式 ································ 211
　　一、语言区材料的评价内容 ······························ 211
　　二、大班语言区材料评价表举例 ························ 219

第二节　语言区幼儿活动评析方法 ···························· 221
　　一、语言区幼儿活动评析内容 ··························· 222
　　二、大班语言区幼儿评析表（实例） ···················· 228

参考文献 ··· 231

后记 ·· 233

第一章
解读语言区

幼儿园区域活动这一教学模式引入我国以后，各地的幼儿园在开设区域活动课程时，所依据的理论背景以及随后开展的园本实践活动差异很大，园本区域体系在课程中的位置及设置方法也存有差异。在中国化、本土化区域活动研究过程中，深圳市莲花二村幼儿园借鉴、吸收、整合国内外先进的教育理念、课程模式及相关的经验，经过长达十几年的探索与研究，已形成完善而科学的区域课程体系。这一区域课程体系在我园总结出版的《幼儿园区域活动——环境创设与活动设计方法》（2014年由中国轻工业出版社出版）一书中，有详细的解说与分析。我们将区域体系划分为三大类型：第一类为预备区域，它包括以幼儿适应性为依据设置的生活区、感官区和生态区等子区域；第二类为基本区域，它包括以幼儿基本发展需求为依据设置的语言区、社会区、科学区、数学区、艺术区、文化区等子区域；第三类为延伸区域，它包括以幼儿个性化发展需求为依据设置的拓展区和特别研究区等子区域。在我们所划分的三大区域中，预备区域是其他区域的前提和必要准备，基本区域则涵盖了幼儿基本发展的各个方面，延伸区域是为有特殊需求的幼儿而设置的。每个区域有自己独立的体系和各自显著的特点，同时各区域之间又相互关联、互为依托。本章将重点解读语言区、语言区环境和语言区材料。

第一节 语言区概述

幼儿时期是语言发展最为迅速的时期，幼儿是依照一定的方式和顺序在一定时期学习语言的。幼儿园在设置语言区时，以给幼儿提供丰富的语言教育环境为角度，以听、说、读、写为活动线索，致力于全面促进幼儿口头语言和书面语言的发展。

一、语言区基本概念

语言是交流和思维的工具，是思维的表现形式。有研究表明，人的遗传基因赋予正常人听、说、读、写四种能力发展所需要的巨大潜能。幼儿园的语言区为幼儿创设了相对安静舒适的区域空间和自由宽松的语言交往环境，引导幼儿依照一定的方式和顺序来进行语言活动。语言区所提供的活动材料包括听、说、读、写四个基本部分。其中，听、说部分的练习需要教师通过创设情境来激发幼儿倾听与表达的愿望，鼓励幼儿大胆交流，不断丰富词汇，提高语言表达技巧。语言区中的阅读活动，以培养幼儿的阅读兴趣和良好的阅读习惯为主要目标，通过阅读活动发展幼儿的想象力和理解能力，培养幼儿对文学作品的审美情趣。语言区为幼儿提供适宜的图片、文具等，满足幼儿认读文字和书写的需要，也培养幼儿对文字的兴趣和对字体结构的观察能力，为幼儿今后的识字和书写打下基础。

二、语言区教育功能

《纲要》指出："幼儿的语言学习具有个别化的特点，教师与幼儿的个别交流、幼儿之间的自由交谈等，对幼儿语言发展具有特殊意义。"幼儿期的语言学习既是幼儿语言主动建构的过程，也是幼儿语言综合整合的过程，还是循序渐进、逐步积累的过程。教师根据幼儿的以上学习特点创设的语言区，能够给予幼儿一个自由、宽松的语言交往环境，使其感受到一个完整的、真实的、与生活经验息息相关的语言氛围，让他们做到想说、敢说、喜欢说，通过与区域材料互动，获取大量的信息，扩展生活经验，丰富语言内容，增强理解与表达能力，从而进一步拓展学习经验。语言区的主要教育功能有如下两方面。

（一）促进幼儿发展

语言区的教育功能，首先是能促进幼儿在语言表达、倾听等方面综合而全面的发展，并通过语言能力的提升促进其他能力的进一步发展。

（1）提供便于幼儿进行语言沟通和交流的环境，促进幼儿思维的发展。

（2）提供适宜幼儿操作的听说读写材料，引发幼儿的自主学习。

（3）提供多种书写工具，鼓励幼儿用书写、绘画的方式自由写作与表达，促进幼儿对文字和图画的感知。

（二）落实《纲要》和《指南》的精神

语言区的教育功能之二是通过设置语言区，将《纲要》和《指南》中提出的语言领域目标及要求，转化为具体的区域活动实施方案，全面落实《纲要》和《指南》的精神。我们在参照《纲要》和《指南》提出的语言教育目标的基础上制定了我园的语言区教育目标（见表1-1）。

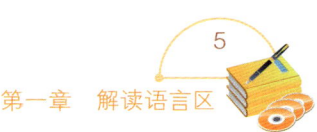

表 1-1 《纲要》、《指南》和我园在语言教育方面的目标对照表

《纲要》中的目标	《指南》中的目标（节选）	我园的目标
（一）目标 1. 乐意与人交谈，讲话礼貌； 2. 注意倾听对方讲话，能理解日常用语； 3. 能清楚地说出自己想说的事； 4. 喜欢听故事、看图书； 5. 能听懂和会说普通话。 （二）内容与要求 1. 创造一个自由、宽松的语言交往环境，支持、鼓励、吸引幼儿与教师、同伴或其他人交谈，体验语言交流的乐趣，学习使用适当的、礼貌的语言交往。 2. 养成幼儿注意倾听的习惯，发展语言理解能力。 3. 鼓励幼儿大胆、清楚地表达自己的想法和感受，尝试说明、描述简单的事物或过程，发展语言表达能力和思维能力。	目标1 喜欢听故事，看图书 3—4岁 1. 主动要求成人讲故事、读图书。 2. 喜欢跟读韵律感强的儿歌、童谣。 3. 爱护图书，不乱撕、乱扔。 4—5岁 1. 反复看自己喜欢的图书。 2. 喜欢把听过的故事或看过的图书讲给别人听。 3. 对生活中常见的标志、符号感兴趣，知道它们表示一定的意义。 5—6岁 1. 专注地阅读图书。 2. 喜欢与他人一起谈论图书和故事的有关内容。 3. 对图书和生活情境中的文字符号感兴趣，知道文字表示一定的意义。 目标2 具有初步的阅读理解能力 3—4岁 1. 能听懂短小的儿歌或故事。 2. 会看画面，能根据画面说出图中有什么，发生了什么事等。 3. 能理解图书上的文字是和画面对应的，是用来表达画面意义的。 4—5岁 1. 能大体讲出所听故事的主要内容。 2. 能根据连续画面提供的信息，大致说出故事的情节。	一、区域总目标 1. 乐意与人交谈，讲话礼貌。 2. 注意倾听对方讲话，能理解日常用语。 3. 能清楚地说出自己想说的事。 4. 喜欢听故事、看图书。 5. 了解、感受有中国传统特色的语言。 二、各年龄段目标 3—4岁 1. 初步学习常见的交往语言和礼貌用语。 2. 安静地倾听，能听懂、理解简单的指令。 3. 愿意用完整的短句进行讲述。 4. 初步感受文学作品的语言美。 5. 喜欢看书，知道看书的基本方法；感受语言和其他符号的转换关系；激发对文字的兴趣。 6. 喜欢古诗，感受研讨的韵律和节奏。 4—5岁 1. 继续学习交往语言，提高语言交往能力。 2. 耐心地倾听，能听懂、理解多重指令。 3. 愿意用较清楚、连贯的语言进行讲述。

续表

《纲要》中的目标	《指南》中的目标（节选）	我园的目标
4. 引导幼儿接触优秀的儿童文学作品，使之感受语言的丰富和优美，并通过多种活动帮助幼儿加深对作品的体验和理解。 5. 培养幼儿对生活中常见的简单标记和文字符号的兴趣。 6. 利用图书、绘画和其他多种方式，引发幼儿对书籍、阅读和书写的兴趣，培养前阅读和前书写技能。 7. 提供普通话的语言环境，帮助幼儿熟悉、听懂并学说普通话。少数民族地区还应帮助幼儿学习本民族语言。	3. 能随着作品的展开产生喜悦、担忧等相应的情绪反应，体会作品所表达的情绪情感。 5—6岁 1. 能说出所阅读的幼儿文学作品的主要内容。 2. 能根据故事的部分情节或图书画面的线索猜想故事情节的发展，或续编、创编故事。 3. 对看过的图书、听过的故事能说出自己的看法。 4. 能初步感受文学语言的美。 **目标3　具有书面表达的愿望和初步技能** 3—4岁 喜欢用涂涂画画表达一定的意思。 4—5岁 1. 愿意用图画和符号表达自己的愿望和想法。 2. 在成人提醒下，写写画画时姿势正确。 5—6岁 1. 愿意用图画和符号表现事物或故事。 2. 会正确书写自己的名字。 3. 写画时姿势正确。	4. 喜欢文学作品，进一步感受文学作品的美。 5. 懂得爱护图书，知道图书的构成；了解汉字的由来和简单的汉字认读规律；激发主动探索文字的愿望。 6. 了解、感受民间歌谣、绕口令的韵律和节奏。 5—6岁 1. 乐意运用交往语言，进一步提高语言交往水平。 2. 积极倾听，不断提高倾听能力，能迅速把握和理解较复杂的多重指令。 3. 愿意用清楚、连贯的语言进行讲述。 4. 愿意欣赏文学作品，积累文学语言，并尝试运用。 5. 有浓厚的阅读兴趣，知道图画书中的画面与文字的对应关系；积极辨认汉字，掌握正确的书写姿势和基本的书写技能。 6. 了解、感受成语、歇后语、颠倒歌、谚语等有中国传统特色的语言。

三、关键经验及思维导图

我们梳理并总结了幼儿在语言区应获得的关键经验，在这些关键经验中，有的涉及幼儿的知识学习，有的涉及幼儿良好情感的形成，也有的涉及幼儿能力的提升。教师了解语言区关键经验，可以引导幼儿为语言区的探索和学习做好准备并打好基础。

（一）关键经验

- 能用语言讲述自己有意义的经验，用语言表达自己的情感。
- 能描述物体、事件和关系，从语言的使用过程中得到乐趣。
- 能听懂周围人的语言，并从中获得有益的信息。
- 能安静地倾听故事、儿歌、散文及传统文学作品等。
- 能用涂、画、写等方式进行语言表征，并能用记录的方式表达自己的情感。
- 能辨析符号、标识，阅读自制书及出版的故事书等。

（二）思维导图

设置语言区时，教师应遵循幼儿学习语言的规律和需要，以发展幼儿的听、说、读、写能力为基本线索，由浅入深，由易到难，由简单到丰富依次递进。语言区思维导图如图 1-1 所示。

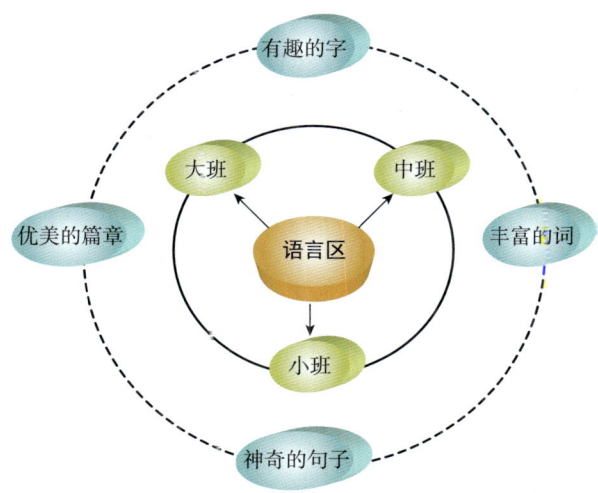

图 1-1　语言区思维导图

第二节 语言区环境

语言区环境是幼儿园语言区域活动的重要组成部分。良好的语言学习环境既是幼儿语言探索活动正常开展的保证,也是培养幼儿良好学习品质的保证。教师应根据语言学科特征以及幼儿学习语言的特点,科学、合理地创设语言区探索环境,优化并提升语言区的环境功能,努力使有限的活动空间发挥最大的作用。

一、语言区环境的特点

《纲要》指出:"发展幼儿语言的关键是创设一个能使他们想说、敢说、喜欢说、有机会说并能得到积极应答的环境。"因此,在语言区环境创设的过程中,教师应根据《纲要》提出的要求,结合班级幼儿的年龄特征、整体发展需要及个体差异,合理地利用班级空间,为幼儿创设出科学、适宜、宽松、和谐的语言学习环境,尽可能提供趣味性和操作性强、有目标指向的可操作的材料,让幼儿在动手操作和探索中学习,鼓励幼儿动脑、动嘴、动手,使他们在与材料的"对话"中成为语言加工的创造者,实现操作材料促进幼儿语言发展的目标。

(一)独立的学习空间可确保幼儿获得经验

语言区的操作活动需要幼儿的已有经验与学习能力的支持。这些经验有的是幼儿以往积累的经验,有的是幼儿在操作过程中获得的新经验。幼儿在提炼、吸收、内化经验的过程中,需要相对稳定的操作时间和安静的学习空间(见图1-2)。为了保证幼儿的探究性学习顺利进行,教师在规划语言区环境时，应把握两条原则：第一，尽量在活动室开辟出一个独立、宽敞的学习空间，投放大量适合班级幼儿发展和需要的操作材料，使幼儿在特定的环境中自主选择材料，积极地与材料互动，保证幼儿在操作、探索材料的过程中思维的连续性及完整性。第二，减少其他

图 1-2　语言区学习环境

区域对语言区的干扰。语言区的位置尽量不要与美工区、生活区等较吵闹的区域为邻，避免相互影响。安静的语言区环境，便于幼儿独立地思考、专注地探究。

（二）合理的区域布局凸显幼儿的年龄特征

在语言区环境创设中，由于幼儿在年龄特点、学习能力、学习需求、自我控制、学习习惯等方面有较大的差异，因此教师的科学布局相当重要。教师既要尊重幼儿的学习特点、发展需要，又要考虑到幼儿良好学习品质、区域活动常规的养成。从空间上着手，教师可将语言区布置成固定的、半开放或全开放的区域。

小班幼儿年龄小，自控能力不强，专注力不够，容易受到周围环境的干扰。教师在规划小班区域时应考虑到种种因素，从建立活动常规、培养学习品质等方面出发，将小班的语言区围合成相对固定、独立的区域，让幼儿能够在安静的环境中进行学习。这样的布局使幼儿既能不妨碍别人的活动，也能保证自己的学习不受别人影响。

幼儿上了中班后，规则意识、任务意识已经逐步形成，学习的有意性增强，自控能力和注意力得到提高。当幼儿有了这些进步后，他们在语言区的探究时间较以前也延长了许多，他们能够专注地完成一些力所能及的任务。因此，教师在创设中班语言区环境时，会采用渐进式半开放的形式进行规划，

图 1-3　半开放式语言区环境

图 1-4　全开放式语言区环境

用柜子等隔断物将活动区域围合成一个半开放的空间（见图 1-3）。这样，既能体现出教师对幼儿的尊重和信任，又能有效地抑制他们偶尔违反规则的行为，有助于其专心地完成对材料的操作。

大班幼儿经过中、小班的学习，能够较好地制订计划，自主地选择活动材料来满足自己的学习需要。大班幼儿的良好学习品质已经初步形成，求知欲和动手能力有了很大的提高，区域活动经验也丰富了很多。根据大班幼儿表现出来的诸多特征，教师在创设语言区环境时，可将语言区规划成一个全开放的区域（见图 1-4），为幼儿提供自由交往、共同学习的平台，支持幼儿在区域中自由、自主地探究，激发幼儿深层次的学习。全开放的学习环境，能够让幼儿学会自我管理、主动学习。

（三）良好的探究环境可提升幼儿良好的学习品质

幼儿良好学习品质的养成离不开环境的支持。教师可围绕如何为幼儿提供一个良好的阅读和书写环境，促进幼儿良好学习品质的提高。在环境创设中，教师应充分考虑到以下几方面的因素：什么样的阅读环境才能激发幼儿主动探究的愿望？怎样才能体现幼儿的年龄特点和个体发展需求？如何让幼儿在语言区环境中养成听故事、看图书的好习惯？怎样让幼儿主动体验文字符号的功能？怎样激发幼儿书写的兴趣，使其建立良好的活动常规？

综合以上因素，我们整理出了创设前阅读与前书写环境的几大原则。

1. 温馨的氛围能激发幼儿前阅读和前书写的兴趣

首先，教师需要在活动室找出一个光线明亮又安静的地方，用书柜、小桌椅、地毯围成独立的区域，保证幼儿能够在属于自己的自由空间里择书阅读。这样既能够保护幼儿的视力，有利于幼儿的身体健康，又能给人以温馨、舒适的感觉。其次，利用地毯、靠枕、抱枕等软性物品制造出温馨、静谧的阅读氛围（见图1-5）。幼儿置身于这样的环境中，会产生亲切感和安全感，有利于增强阅读、书写的愿望。再次，投放与幼儿身高相匹配的、极具童趣的小桌椅，有助于激发幼儿尝试进行前阅读或前书写的兴趣，这样的氛围能够让幼儿获得积极、愉悦的情感体验。

图1-5 温馨的阅读环境

2. 开放式学习能满足幼儿前阅读和前书写的需求

在环境创设中，教师需要为幼儿提供一个自主选择图书的场所，幼儿可以用自己喜欢的方式或坐或躺，或者与同伴共同阅读分享。此外，图书架上，教师为幼儿提供了大量有具体意义的、形象生动的、有新意的阅读材料（见图1-6），幼儿可选择自己喜欢的图书自主地阅读或者邀请同伴共同分享。通过不同的读书方式，幼儿潜移默化地接受书面语言知识，促进对文字和图画的理解，其自主阅读能力因此得到发展。

图1-6 开放式阅读环境

3. 材料的科学分类能丰富幼儿前阅读和前书写的经验

经验证明，教师在为幼儿提供阅读与书写环境时，并不是堆积一定数量的图书就能达到让幼儿学习的目的。教师应关注幼儿的学习习惯，考虑不同年龄段幼儿的阅读特点，了解不同幼儿的阅读兴趣，将图书进行科学的分类（见图1-7）。分类时要注意图书的类别、书本的画面颜色、书中文字的难易程度、幼儿的阅读经验等，这样幼儿才不会有选择性困难，也有利于促进其学习能力和认知能力的提升。

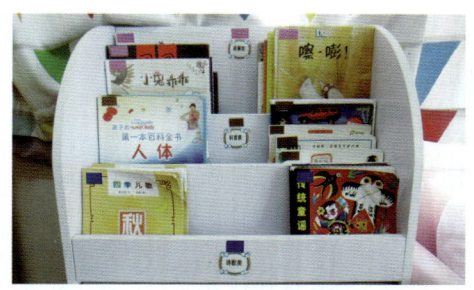

图1-7 科学地对图书进行分类

二、语言区物品的摆放

语言区的物品包括装材料的活动柜，支持幼儿操作的活动台和地毯，以及材料、文具等。为了让语言区环境更整齐、安静，有利于幼儿的探索与研究，在对物品进行选择与摆放时，我们可以采用下面介绍的方法来开展准备工作。

（一）选择适宜的活动柜

语言区的柜子是区域环境创设的基本设施，教师应该精心挑选，充分考虑各年龄段幼儿身心发展的特点、语言区的特性，还需要尊重幼儿的喜好。在投放柜子时，教师应该合理布局、科学利用，使其更好地为语言区环境服务。

1. 活动柜的规格

语言区材料较多，每一份材料都是由2~3个载体组成。为了突出每一个托盘的材料亮点，激发幼儿探索材料的兴趣，语言区的活动柜要与该区域的特性相符。活动柜的款式、色彩、层架应适合该区域的特点与要求，通常以原木色、白色、浅粉色、浅蓝色、浅绿色等柔和的浅色系为主（见图1-8），在视觉上使人产生舒适、清爽的感觉。

2. 活动柜的特点

活动柜的外形、高矮、宽窄、大小等应符合幼儿的年龄和生理特点，通常会选用与幼儿的身高等高或稍高于幼儿的长方形层柜，柜内各个层架应在幼儿的视线范围之内，层架间隔要适宜，适合摆放各种托盘、容器等。

图1-8　语言区活动柜

3. 活动柜的安全性

活动柜的安全性非常重要，柜子要做到安全稳固、经济实用。应该选择无毒、无安全隐患、严格按照国家相关教玩具安全规定生产的活动柜，同时活动柜要轻便可挪动、灵活可变化，还要便于清洁和消毒。

4. 阅读区书柜

教师应根据幼儿的年龄特点、投放的图书大小来选择合适的书柜或书架。书柜的外形可以是开放式的，能够使每一本图书都不与别的图书重叠，可独立摆放，让幼儿一目了然，方便他们取放；书柜也可以是组合式的，教师根据班级幼儿的身高、场地的大小，自由拼接、组合摆放。柜面设计要富有美感，如根据幼儿的喜好搭配不同色彩的柜面，或选择装饰有漂亮的卡通图案、几何图形的柜面等。这些颜色和图案更能吸引幼儿到阅读区活动。为了将闲置的图书收藏好，教师还可以准备几个封闭的藤筐或盒子用于收纳多余的图书。书架的选择与设计要求和书柜相似（见图1-9）。

图1-9　放置图书的书架

（二）语言区的桌椅

在为幼儿选择桌子时，教师应该充分考虑安全因素、幼儿的年龄特点及身心发展水平。在语言区，适合的桌椅有利于幼儿形成良好的坐姿和书写习惯，教师对此应该特别关注。为语言区配备的桌子最好是能够调整高度的，椅子也应有高矮之分。教师还应该考量桌子的材质是否安全、无毒，桌面是否光滑、平整，桌椅的高度、大小是否与幼儿的身高匹配，等等。

（三）语言区地毯及相关物品

在语言区，为了给幼儿提供一个宽松、自由的学习环境，教师往往会在此区域投入丰富的辅助物品，以此来增强幼儿的探究兴趣。如：教师在幼儿阅读的区域除了投放书柜和书架以外，还会根据此区域的大小投放一块大的地毯（见图1-10），既能隔音，也能使幼儿产生舒适感；教师也会投放两三个靠枕和毛绒玩具，这样幼儿就可与喜欢的玩具共同阅读。教师在选择这些辅助材料时，应该考虑以下几点：地毯的材质、软硬度、面积大小、花色等要合适，太花哨、太艳丽的地毯会干扰幼儿的学习；靠枕不能太大、太软，应该适合幼儿的体型，有利于幼儿的身体发育；毛绒玩具不能太多，应在数量上有所控制，以免分散幼儿的注意力，影响其正常阅读。

图 1-10　语言区地毯

（四）语言区文具的投放和摆放

语言区的活动，有很多内容都是与书写、记录有关的，因此，教师需要提供一些公用的文具供幼儿选择使用，如铅笔、橡皮、剪刀、胶水、订书机、回形针、小夹子、小垫板等。教师要考虑到教学目标和幼儿的兴趣爱好、学习特点、年龄特征、能力发展水平等方面的因素，科学摆放各类文具，以促进幼儿的发展。

对于不同年龄段的幼儿，投放和摆放文具应该有所区别。考虑到小班幼儿年龄小、小肌肉动作发育不完善、动作比较缓慢、秩序感不强等特点，当他们需要用操作纸记录时，教师会尽量把相关的彩色笔、剪刀、胶水、盛放垃圾的小碗都投放到托盘中（见图1-11），方便其使用。为小班幼儿提供的笔可用大的粗头彩色笔，便于幼儿抓握；为幼儿提供的剪刀应该考虑安全方面的要求，选择具有防护作用的儿童安全剪刀；另外，小班幼儿的手握力不够，掌握不好挤胶水的力度和技巧，教师可为幼儿提供固体胶让其使用。这样能让幼儿在短时间内快速地完成记录，充分享受成功的乐趣。

图1-11　小班文具摆放

幼儿到了中班，随着年龄的增长，其动手、动脑能力提高很快，再加上小班一年的区域活动经验，其区域规则意识、秩序感都有所增强。因此，教师在投放各类文具时，会把之前为小班提供的每份材料中的文具都抽出来，用笔筒、小盒子装好，统一放在柜面上固定的位置，变成大家公用的材料。中班幼儿语言区的活动会涉及笔画、描红简单的文字，教师一般会为幼儿提供比普通铅笔稍微粗一些的"三角形彩色铅笔"（见图1-12），这种铅笔能帮助幼儿较快地掌握握笔方法，养成良好的书写习惯。另外，在小班的基础上，中班的文具添加了卷笔刀、橡皮及手工剪刀。

图1-12　中班投放三角形彩色铅笔

大班时期是学习习惯和任务意识养成的关键期。在幼儿进入大班后，随着其求知欲望、合作意识、规则意识的增强，语言区的大部分活动都配有相应的记录单，需要幼儿在写写画画中完成记录。大班幼儿动作灵活，手指的小肌肉快速发展，他们已经能够自如地控制手腕。教师在投放文具时，会充分考虑到使用频率、具体数量、用途等因素，因此，在柜面上会出现与彩色铅笔有同样标记的笔筒（见图1-13），每个笔筒里装有一定数量的彩色铅笔，铅笔同样是三角形铅笔，但是比中班的要小一些，与小学使用的铅笔大小一致。考虑到幼小衔接的重要性，在投放文具时，教师会配置相应的握笔器、橡皮、卷笔刀、学生剪刀、液体胶水和尺子等，并按照小学整理文具的要求对幼儿进行收拾文具的常规培养。

图 1-13　大班桌面上的文具摆放

三、语言区的标识

在语言区活动中，幼儿个别探究的机会很多，教师的指导压力比集体活动时要大，此时应发挥环境的作用，通过环境中的暗示来引导幼儿自主地开展活动。而语言区的每一份操作材料都以开放的形式呈现在活动柜中，这对幼儿拿取和归位的要求很高。为了帮助幼儿建立良好的取放常规，教师通常会合理、科学地设计出各种不同的标识，并巧妙地使区域活动的规则蕴含在各种标识当中。活动时，幼儿通过标识自如地选择材料，整齐地收放材料，在潜移默化中培养良好的规则意识以及自我管理能力。

（一）各年龄段语言区活动柜的标识

教师在设计活动柜标识时，通常会考虑幼儿的年龄特点和学习能力，使他们能够快速地辨别标识，达到易懂好记的目的。

1. 小班活动柜标识

小班幼儿的思维方式以直观性和具体形象性为主，他们对感兴趣的、能给自己带来视觉冲击的事物比较容易记住。因此，在设计小班活动柜标识时，教师可以用一些来自生活中的简单易记的标识。如教师可购买有立体凹凸的卡通贴纸或者在相同颜色的底板上勾画出简单的动植物、水果的轮廓（见图1-14）。这些与幼儿的生活息息相关的标识，能够让幼儿在取放语言区材料时直接感受到标识的真实性和立体感，还能够使幼儿通过认知和感官上的刺激更容易地辨别和记住标识。

图1-14 小班活动柜标识

2. 中班活动柜标识

中班时期是幼儿语言发展的迅猛期，同时也是学前阶段学习语言的关键期。在这期间，幼儿对周围的新鲜事物都很感兴趣，具备了一定的创造意识和探究能力，同时他们的规则意识已经形成。基于这些特点，教师在设计中班活动柜标识时，会考虑让幼儿通过看、触摸、记忆、对应、比较等来获得相关经验。如，教师为中班的幼儿设计了一系列象形文字的标识，让幼儿通过文字的外形特征猜出标识的含义，并且借助于象形文字的标识记住这份材料所在的位置（见图1-15）。对于每一个标识，教师都要注意图形简练、线条清晰、标识唯一，从而有效地避免重复的图案和色彩对幼儿的干扰，这对语言区活动的正常开展、区域常规的建立、幼儿的自主探究活动都能够起到很好的促进作用。

图1-15 中班活动柜标识

3. 大班活动柜标识

到了大班，随着幼小衔接内容的渗透，幼儿的语言表达能力、文字理解能力都有了明显的提高。幼儿的抽象逻辑思维能力开始萌芽，他们喜欢用分类、比较、推理等不同方式探索事物的规律，对文字也表现出了极大的兴趣。因此，教师多会选用简单的文字作为大班幼儿的活动柜标识。如，教师选择一些简单的易懂易记的汉字、单一的汉语拼音，用正规的字体打印出来，并配上不同颜色的底板，将不同的文字投放到每一份语言区材料中作为标识（见图1-16）。这些带有明显文字特征的标识，既能够帮助幼儿以较快的方式记住其所在的位置，又能够很好地帮助幼儿提升认读文字的能力。

图1-16 大班活动柜标识

（二）图书架上的标识

图书架上供幼儿阅读的图书有很多，分为故事类、科普类、社会知识类、工具类等。故事类的图书中含有家庭生活、动物、探险等方面的内容；科普类的图书中含有自然知识、科学知识、动植物及自然现象等方面的内容；社会知识类的图书中含有职业、节日、民俗等方面的内容。此外，教师还会根据主题进展、季节特点投放一些诗歌类或者动漫类的图书。面对数量、种类如此繁多的图书，如何培养幼儿良好的阅读习惯与活动常规成

图1-17 图书架标识

了教师必须思考的问题。因此，在不同年龄段幼儿的图书架上，教师会设计出各种符合区域特征的、幼儿看得懂的标识（见图1-17）。适宜的标识就像一位向导，能够引导幼儿顺利地找到每一本图书的"家"。比如，大班共有两个书架，每一个书架有三层，每一层分别贴有"诗歌类""故事类""科普类"等文字标签，在每一种标签上方都会贴有一个不同颜色的色块，诗歌类的用蓝色色块，科普类的用咖啡色色块，故事类的用粉色色块……教师会在投放的图书上面也分别贴上不同的色块，作为本册图书的标识。经过长时间的经验积累，幼儿不仅在整理图书的时候会参照不同颜色的色块进行归位，提高整理速度和质量，而且会通过归类正确地说出不同类别的图书名称，丰富相关经验。这种标识的使用还能够帮助幼儿建立良好的活动常规，养成良好的学习和生活习惯。

第三节　语言区材料

语言区是教师根据园本课程中对语言领域制定的目标，以及幼儿的语言能力发展需要所建立的区域。教师在班级环境中选择最适宜作为语言区的场地后，精心创设出语言活动与学习环境，再根据班级幼儿的发展及阶段学习特点，将语言区的学习目标进行分解，按照目标设计和制作出满足幼儿自由探索、直接感知、亲身体验等需要的各类语言区材料。

语言区材料是依照一定的方式和顺序，在幼儿语言发展最快速的时期，为幼儿提供丰富的区域材料，以听、说、读、写为活动线索，通过幼儿独自探索材料，或与同伴互动探索材料，来促进幼儿口头语言和书面语言的发展。

一、语言区材料特点

幼儿的语言能力是在不断运用、与他人交流的过程中发展起来的,语言区材料在幼儿的语言发展中起着非常重要的作用。教师在设计语言区材料时,应围绕材料"既适合幼儿现有的水平,又具有一定挑战性"的目标来进行。教师根据班级幼儿的发展水平和发展需要有目的、有计划地投放适宜的操作材料,让有不同发展水平、不同学习需要的幼儿自由选择材料,自主地进行感知、体验及探索,在操作、探索材料的过程中完成交互学习,以此推动幼儿语言能力的提升。

在班级语言区中,教师为幼儿提供大量的、有具体目标的、形象生动的操作材料,能够让幼儿拥有很多学习语言的机会。语言区材料涉及倾听与表达、语言交往、阅读、前书写等诸多方面的内容,如:在倾听与表达方面,教师投放了视听作品、配音作品、录音作品、新闻播报等材料;在阅读方面,教师投放了经典故事书、中国书法字帖等材料;在前书写方面,教师投放了关于偏旁部首、笔画、笔顺、简单的文字符号与字词等的材料。经过长时间的研究,所有材料都应具有贴近生活经验、丰富有趣、层次分明、线索清晰可循、体现互动、蕴含教育引导性等特点。

(一)材料贴近生活经验

语言区材料是发展幼儿语言的关键,好的载体能够激发幼儿的学习兴趣和探究愿望,因此,教师在选择载体的过程中,应该考虑到所选择的内容是否源于幼儿的生活,是否与幼儿已有的相关知识经验相结合,幼儿是否对操作材料感兴趣,等等。以中班语言区"动物魔方"的操作材料(见图1-18)为例,该材料的目标为认读简

图1-18 材料"动物魔方"

单的动物文字。在材料中，教师巧妙地运用了魔方这一载体，将魔方玩具再次开发，在魔方的六面色块中嵌入了相应的动物文字及与文字对应的小动物图片。此外，教师还收集了与魔方中的文字相匹配的仿真小动物模型，设计了图文卡作为共同的操作材料。当幼儿将魔方翻转到写有"狗"字的一面时，拿出相应的"仿真狗模型"，再通过图文卡检验本次操作的对错。教师所选的材料内容来自幼儿生活中所熟悉的事物，因此，这种充满浓郁生活气息的操作材料能够充分激发幼儿的好奇心和探究欲望，能够真正起到推动幼儿主动听、说、读、写的作用。

(二) 材料丰富有趣

在区域活动中，为了满足不同幼儿的发展需求，教师应该投放丰富多彩的材料，并根据教育目标的变化和幼儿能力的变化而不断进行调整、增加、变换材料。丰富的材料能够带给幼儿强烈的感官刺激，同时激发幼儿探索的欲望和兴趣。

在语言区中，教师为幼儿提供丰富、有趣的活动材料，能够提高幼儿学习的积极性，让幼儿"喜欢说"。小班幼儿年龄小、注意力容易分散，而且其学习语言的重点是听说方面。教师在设计材料时应充分考虑到这些特点，尽可能地把材料设计得新颖、多样，这样能够不断地给幼儿带来感官上的刺激。如：小班语言区"在农场里"（见图1-19）是一份关于听的材料。教师制作了一个农场的立体背景，配上一个迷你播放器及相应的小动物。当幼儿听到播放器里不同小动物的叫声时，会拿出相应的小动物，并且按照播放器中的提示把小动物放到农场指定的位置。教师会惊喜地发现，幼儿对这份操作材料非常喜欢，能够长时间地独立操作。通过操作这份新颖有趣的

图1-19 材料"在农场里"

材料，小班幼儿的专注力和倾听能力都能得到一定的锻炼。

另外，材料的丰富有趣能够为幼儿的语言学习提供保障。随着语言的发展，中、大班幼儿的听、说、读、写能力也得到了相应的提高，他们不再局限于小班的材料，而是对材料的丰富性、趣味性、操作性等方面有了更高的要求，因此，中、大班的语言区材料必须体现出这些特点。如：教师在中班幼儿的语言区投放了一些指偶、头饰（见图1-20），让幼儿完成从"听故事""讲故事"到与同伴共同"演故事"的转变；大班的幼儿能够熟悉动画片、图片中的一些人物形象，教师根据幼儿已有的知识经验设计出"我认识的《西游记》人物"等活动材料，幼儿通过与材料的互动讲述自己对《西游记》中人物的了解，创编出《西游记》中的一个个小故事。这些材料既能增强幼儿的图文理解能力、语言表达能力，又能增强幼儿与同伴之间的合作表演能力，从而最大限度地挖掘他们的学习潜能。

图1-20　语言区操作性材料

下面我们以中班下学期语言区材料橱的内容为例（见表1-2）。

表1-2　中班语言区材料橱

第一橱				
层级	活动材料			
第一层	猜谜语	说礼貌用语	你说我放	猜猜我是谁
第二层	说动词	摆量词	说反义词	认识形容词
第三层	鸡的成语	说一句话	说说一年四季	说连贯句
第四层	倒着说游戏	彩色房子	看图说话	这是什么颜色

续表

第二橱				
层级	活动材料			
第一层	动物魔方	文字拼图	偏旁花	我的一家
第二层	小动物回家	交通工具名词	小美食家	超市里的蔬菜
第三层	《西游记》人物小书	"鱼"的组词	我爱妈咪	古诗画
第四层	摇篮	装饰文字	田字格	补画虚线文字

从表1-2中可以看出，中班下学期的语言区一共投放了32份不同的操作材料，都是围绕《指南》中提出的"为幼儿创设自由、宽松的语言交往环境，鼓励和支持幼儿与成人、同伴交流，让幼儿想说、敢说、喜欢说并得到积极回应"这一要求开发出来的。每一份材料都能体现该班幼儿的发展水平及语言方面的发展目标，材料具有很强的目标指向性。比如，为了给幼儿尽可能多的倾听与交谈的机会，第一橱中的材料全部是听、说方面的内容，包含猜谜语、听指令摆放物体、量词游戏、成语游戏、说连贯句子等；在第二橱的材料中，教师巧妙地设计了各种各样的"认识文字"游戏，让幼儿在游戏的情境中自然而然地产生对文字的兴趣，并且通过朗朗上口的童谣及优美的诗歌等不同载体的文学作品，有意识地引导幼儿欣赏、模仿文学作品的语言节奏和韵律，体会作品的感染力和表现力。

从以上语言区材料橱的实例不难看出，科学投放语言区材料不仅能够帮助幼儿提升听、说、读、写的能力，还能扩展幼儿的生活经验，丰富其语言内容，增强其理解和表达能力，从而系统地掌握语言知识。

（三）材料投放层次分明

幼儿的语言发展，不仅在年龄上有个体差异，而且在同年龄段的不同个体身上也会有发展快慢、先后的区别。因此，语言区材料的投放直接影响着幼儿语言发展的质量，投放层次分明的材料能够满足幼儿不同的语言发展需求，在语言学习领域具有举足轻重的作用。这就是我们常说的材料与幼儿的发展始终共同存在。

教师在投放材料时，一定要了解幼儿的发展经验，遵循幼儿的差异性，为幼儿提供不同层次、不同操作难度的材料，照顾幼儿的智力差异，给幼儿量力而行的可能，充分激发他们的潜力，为其提供"充分说"的机会，从而使每个幼儿都能体验到成功的快乐。

下面我们以语言区阅读方面的材料解析为例（见表1-3）。

表1-3 语言区阅读材料解析表

层次	阅读目标	阅读材料特点	材料提供
小班	爱上阅读：教师为幼儿创设适宜的阅读环境，激发幼儿阅读的兴趣。	1. 画面色彩明亮、背景单一，主要形象突出。 2. 故事情节简单、好玩，话题选自幼儿的生活，使幼儿好懂易记。 3. 图书大小合适，纸张较厚，不易撕坏破损，页码较少，方便幼儿翻阅。	1. 会发出声音的动物图书。 2. 水果蔬菜布艺图书。 3. 适宜的经典故事图书。 4. 与文明礼貌、生活习惯有关的绘本。
中班	主动阅读：幼儿已经初步形成良好的阅读兴趣和习惯，能主动探究各种有效的阅读方式，进行自主阅读。	1. 画面生动，主题形象较为突出。 2. 故事内容丰富，情节有变化，符合本年龄段幼儿的性格特征。 3. 出现了文学类、认知类、科普类、社会类的图书。 4. 图书页码明显增多，出现了幼儿自制的标记。	1. 能用简单的符号自制图书标记并进行分类。 2. 读懂文学类的图书并进行表演。 3. 科普类、社会交往类的故事书。
大班	擅长阅读：幼儿能够运用一些有效的策略进行阅读，能够通过阅读提高自身的听、说、读、写水平。	1. 阅读材料侧重于科普类以及社会类材料，能够丰富幼儿的知识经验。 2. 出现了《幼儿画报》《红树林》《大灰狼》等儿童刊物。 3. 投放图文并茂的幼儿自制海报和自编图书。	1. 涵盖各类知识的图书。 2. 适合大班幼儿阅读的各类刊物。 3. 幼儿在主题活动中自制的各类图书、画报。

从表 1-3 中可以看出，教师在投放阅读材料的过程中，首先应将每个年龄段的阅读方面的大目标分解成若干个小目标，然后根据分解后的小目标设计相应的操作材料，使每一个目标都有对应的多份材料支持，随着活动目标要求的逐步提高，分期分批地投放材料，这样能够充分体现材料的层次性，让幼儿不断产生新鲜感，同时满足他们的学习欲望。因此，材料的层次性与幼儿的阅读兴趣、阅读的专注程度、读写能力的提高、幼儿的阅读成效有着密切的联系，幼儿在阅读中能够充分发挥其想象力和创造能力，感受图书的魅力。

（四）材料线索清晰可循

幼儿园的语言区是一个完善的语言学习系统，具有非常缜密的逻辑性和清晰明确的知识目标，它是根据若干份有序的区域材料组织起来的。从纵向的角度来看，一般可以分为总目标、幼儿年龄段目标、语言教育活动目标三个层级；从横向的角度来看，一般可以分为认知目标、情感与态度目标、操作技能目标三类。语言区的内容涵盖谈话、讲述、听说游戏、文学作品、早期阅读等几大类别。在每个类别中，教师制定出相应的总目标、年龄段目标、教育活动目标，并根据不同的目标开发出适宜幼儿操作的若干份材料，实现区域内容的严谨性和区域材料的可循性。

下面我们以幼儿园语言区"阅读与书写准备"中的总目标、幼儿各年龄段目标、实施目标材料一览表为例（见表 1-4）。

表 1-4　语言区"阅读与书写准备"目标和实施目标材料一览表

总目标	幼儿各年龄段目标	实施目标材料
1. 帮助幼儿理解文学作品，初步感知文学作品的审美和结构特点。 2. 引导幼儿产生对书面语言的兴趣，帮助幼儿获得前阅读经验和前书写准备技能。	小班： 1. 对图书和阅读活动感兴趣，知道看书的基本方法。 2. 对图画书的文字有初步的兴趣，在成人的帮助下，初步了解汉字与实物、图片之间的对应关系。 3. 了解简单的书写工具，愿意涂涂写写。	1. 布艺小书 2. 有声电子书 3. 找找小动物 4. 看图配词 5. 连一连 6. 套皮筋 7. 装饰文字 8. 拓印文字
	中班： 1. 初步了解图书的基本构成，养成爱护图书的习惯，有制作图书的经验。 2. 有主动探索汉字的愿望，对图书中与画面有直接关系的文字有兴趣。 3. 了解书写的基本姿势，在有趣的图形练习中做好书写的准备。	1. 制作图书 2. 种花 3. 扎文字 4. 排图讲述 5. 看图组成一句话 6. 认识笔画 7. 偏旁部首描红 8. 田字格游戏
	大班： 1. 进一步了解图画书的构成，喜欢创作图画书。 2. 初步了解汉字的由来及同类汉字的认读规律，并能在生活中运用已获得的书面语言。 3. 掌握正确的书写姿势和一定的书写准备技能。	1. 砂子画字 2. 相反国 3. 猜字宝宝 4. 象形文字 5. 拼音嵌板 6. 钓鱼 7. 看图找句子 8. 我的名片 9. 书写笔画 10. 看描红书写汉字

由此可见，语言区"阅读与书写准备"总目标中涵盖有听故事、看图书、初步的阅读理解能力、书面表达的愿望和初步的阅读与书写技能等方面的内容，教师应根据总目标、班级幼儿的发展情况提出适合本班级幼儿发展的各

年龄段目标，再根据不同的年龄段目标整理出相关的区域材料线索，开发出适宜幼儿操作的材料。实施目标材料可以体现出材料的难易程度及幼儿循序渐进的经验积累过程。

（五）材料操作体现互动

皮亚杰曾指出，幼儿是在活动中建构认知结构、发展能力的。幼儿通过与操作材料的相互作用，能够在直接经验的基础上获得知识、建构经验、发展语言。为此，我们在开发区域材料、选择区域内容时，应该充分考虑到材料的可操作性以及幼儿之间的合作互动。为了让幼儿在语言区有更多锻炼说的机会，教师在设计材料时应刻意增加一些让幼儿互相说的游戏。比如，幼儿利用大班语言区"幸福的一家人"操作材料可开展听音游戏，该游戏需要两个人或多人参与，教师为幼儿提供的材料中包含有各种袖珍家具及"爷爷""奶奶""爸爸""妈妈""哥哥""我"的人偶玩具以及一个空房子背景，幼儿在操作这份材料时需要分工，一个人说出指令，另一人重复指令（见图1-21），按照要求布置家庭环境，并将人偶玩具摆放在相应的位置。这种方式，为每一个幼儿增加了听、说的机会，使幼儿通过操作激发起学习的主动性、积极性以及创造性，真正做到了想说、敢说、喜欢说和有机会说，从而获得个性化发展。

图 1-21　互动中的幼儿

（六）材料蕴含教育引导性

在语言区的材料中，每一份材料都蕴含着"隐形的引导"，这些隐藏在材料中的引导能够帮助幼儿做出"成品"。引导性是体现区域教学的教育性和科学性的重要因素，如果只强调材料的可操作性，而忽视材料的引导性，教师在提供材料时就会出现目标不清晰、材料投放随意等问题，材料就发挥不出应有的价值，教学也达不到真正的教育目标。因此，可以说，"材料是幼儿的另一位老师"，有了引导性的材料，才能保证语言教育目标的实现。我们以中班语言区材料"小美食家"为例。其知识目标是让幼儿正确地说出美食小书中各种美食的名称，并对各种美食名称的文字产生认知的兴趣。幼儿在操作的过程中需要观察小书（见图1-22）中各种不同的美食图片，并说出"包子""饺子""米饭"等不同食物的名称，并且从许多字卡中找到正确的文字粘贴到图片下方。这种图文匹配的形式能够在一定程度上加深幼儿对文字的记忆，并有助于幼儿理解文字的具体含义。如何让幼儿更好地操作完

图1-22　美食小书

成这份材料？幼儿需要按要求完成以下三个步骤：首先，观察小书中的美食图片，说出不同的美食名称；其次，幼儿在说出美食名称的同时，用手指读图片右下方提供的相应字卡，完成认读的操作；最后，让幼儿在许多大字卡中找到相同的文字粘贴在图片下方，帮助幼儿再次认读文字，加深印象。为了保证幼儿顺利地完成材料的操作，教师巧妙地在材料中加入了三个"指引"。第一个是图片指引，幼儿看到图片，说出相应的名称并指出相应的文字；第二个是文字字体指引，写有"包子"的大字卡和小字卡中的文字字体保持一致；第三个是边框颜色指引，教师在文字相同、大小不同的文字卡片中设计了一个同颜色的边框，幼儿可以通过观察字卡边框的颜色检验操作是否正确。

从以上分析我们可以看出：幼儿在操作的过程中借助于材料的引导，在"领航员"的带领下，对材料进行观察、探索与思考，从而达到学习的目的。教师并不需要过多的语言去打搅幼儿的操作，也不需要动手帮助幼儿完成操作，只需要在设计材料时将指引内化在材料中，充分发挥引领的功能，幼儿就能主动地去操作材料，不断地摸索和尝试，最终实现在自主学习、主动探索中积累经验，获得语言能力的提高。

二、语言区材料投放

世界著名发展和认知心理学家、"多元智能理论"创始人霍华德·加德纳将人类的智能分成八种，而言语—语言智能（verbal-linguistic intelligence）被放在八大智能的首位。言语—语言智能指听、说、读、写的能力，表现为个人顺利而高效地利用语言描述事件、表达思想并与人交流的能力。由此可见，言语—语言智能发育是智力发育的基础。幼儿时期是人类大脑发育迅速的时期，这个时期人类的语言发展也十分迅速，研究表明该时期是掌握语言的关键期。教师应该充分利用幼儿的语言发展关键期，探索和开发幼儿言语—语言智能的潜能。

语言是人类重要的交往工具与交流手段。在设置语言区环境时，教师应该根据这一显著特征，来设计能实现幼儿相互合作、相互交流、相互沟通的区域环境和材料。材料这个与幼儿互动频率最高、对幼儿影响最大的载体能让幼儿获取语言信息、积累语言经验、发展语言能力，实现幼儿的语言能力在"最近发展区"的科学发展。

不同年龄的幼儿因语言领域的认知水平、能力发展、兴趣爱好、年龄大小等差异，所需要的材料也各不相同。教师应根据幼儿的需要，有目的、有计划地设计与投放适宜的材料，并根据幼儿语言能力的不断发展和新兴趣的产生，及时而科学地调整、更新语言区探索材料，使材料具有适宜性、适时性，满足幼儿的需要，促进幼儿的语言能力在区域活动中持续发展。

（一）根据幼儿的语言发展规律设计活动材料

幼儿的语言发展一般包括听、说、读、写几个方面，在每一个方面都存在着一定的规律性，比如，在说的方面，幼儿一般要经历不完整句阶段（单词句、电报句）—完整句阶段（无修饰简单句—有修饰简单句—复杂句）—复合句阶段这一过程。教师在开发与设计语言区材料时，不仅要考虑语言这一学科的特点，还要遵循幼儿语言发展的规律，以及幼儿语言学习的特点，根据贴近幼儿生活情境的原则，通过生动、形象、有趣的材料，为幼儿提供促进语言发展的操作材料及运用语言的交流材料，让幼儿在获得语言发展的同时，能输出习得的语言，使语言成为他们真正与人交流、交往与合作的工具。

1. 材料的外形设计具有情境性

从听和说这方面来看，语言区的材料似乎是无形的；而从读和写的方面来看，虽然语言区材料有单一的文字与符号呈现，但对于思维以具体形象思维为主的幼儿来说，若教师设计的材料无法激发他们的兴趣，语言区的材料探索活动将会带给他们枯燥、呆板、无趣的感觉。如果教师在设计材料时让材料富有一定的情境性，那么，幼儿在探索带有情境性的材料的过程中感受语言、习得语言，就会更好地理解材料中的学科知识，提高对语言的理解能力，并获得丰富的语言文学知识。如，语言区材料"×天，我们去……"（见图1-23和图1-24）有四方面的内容：春天，我们去种树；夏天，我们去游泳；秋天，我们去郊游；冬天，我们去玩雪。这些内容和材料设计与幼儿园在四个季节的大型综合活动有关联，贴近幼儿的生活经验，符合幼儿的生活情境，能激发幼儿的探索兴趣，也能让幼儿更好地理解材料的内容，从而实现材料所要达到的目标。这份材料投放到语言区后，很受幼儿的欢迎，成为一段时期内幼儿首选的材料之一。由此可见，情境性材料既能激发幼儿的探索兴趣，也能帮助幼儿更好地理解材料内容，获得相关的知识与经验。

图1-23 材料构成　　　　　　　图1-24 配对完成后的材料

2. 材料的可操作性强

教师设计的区域材料是由不完整的几部分组成的，幼儿通过研究材料、探索材料、操作材料，发现材料各部分之间的关系，最终完成材料由部分变成整体的过程。在这一过程中，幼儿将获得知识，发展能力，形成良好的学习品质。由于语言领域内容的抽象性，教师需要多动脑筋、多想办法，使语言区材料更好地吸引幼儿，让幼儿主动与材料互动，增强他们对语言的兴趣，促进他们的言语—语言智能的发展。如，语言区材料"鱼的组词"（见图1-25和图1-26）的目标是幼儿学习用"鱼"字组词。为了激发幼儿的操作兴趣，教师将材料设计成有钓竿、可真实起钓的形式。幼儿在钓鱼的过程中，将钓起来的"字"（鱼身上的字）和"鱼"（每一个水桶上的字）进行匹配后形成词组。钓的动作、把钓起来的鱼放进水桶的动作，增强了幼儿操作材料的兴趣，而钓鱼这一形式，又契合了材料内容，教师巧妙的设计极大地提高了幼儿操作材料、探索材料的积极性。

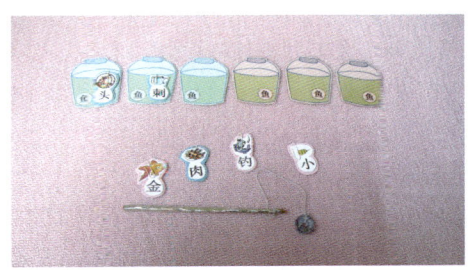

图1-25 材料构成

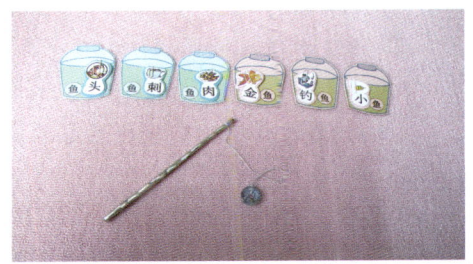

图1-26 完成操作后的材料

3. 材料内含的知识可实际运用

语言区材料不仅要让幼儿获得丰富的语言知识，还应该有助于其语言能力的培养，为幼儿提供运用语言的平台。教师在设计语言区材料时，既要考虑设计与制作能让幼儿"输入语言"的材料，也要考虑设计与制作能让幼儿"输出语言"的材料。幼儿在操作材料、运用语言的过程中巩固已经习得的语言，同时发展新的语言，让语言变成真正可利用的交流工具，发挥它的原始功能。同时，幼儿通过探索这些具有情境性、可操作性的材料，增强语言的美感，使自己的语言带有更多的文学色彩。如，语言区材料"猜猜我是什么"（见图1-27和图1-28）是一份语言互动材料。为了让幼儿理解语言，教师引导幼儿在操作材料的过程中合作，一个幼儿根据参考图提出"我是在水里生活吗""我喜欢吃虫子吗"等问题，另一个幼儿回答"是"或"否"，然后提出问题的幼儿判断自己的身份。在合作过程中，一个幼儿需要将已获得的语言输出，而另一个幼儿则需要理解对方的语言，并根据语言描述采取正确的行动。这份材料有助于活动中的幼儿双方形成良好的倾听习惯，提高语言理解能力。

图1-27 材料构成

图1-28 幼儿利用材料互动

（二）语言区投放的材料应落实《纲要》和《指南》的精神

《纲要》和《指南》是根据我国的社会经济背景以及学前教育发展状况而制定的，是当前我国幼儿园教育改革和发展的重要依据。因此，区域活动"立足本土"最集中的表现是全面落实《纲要》和《指南》的精神，也就是将《纲要》和《指南》的要求转化为具体的区域活动实施方案。教师在投放语言区材料之前，首先要理清《纲要》和《指南》对幼儿语言领域提出的发展目标及实施语言教育的内容与要求，结合园所的文化背景，系统地制定出本园语言领域的目标体系，设置语言区的材料内容，以此来实现语言领域的教育目标，促进幼儿语言能力的发展。

1. 根据《纲要》和《指南》的要求整理材料

《纲要》对语言领域提出了听、说、阅读以及书写方面的教育内容，而

《指南》从"倾听与表达""阅读与书写"两个方面,提出了6个目标、15个教育建议。根据《纲要》和《指南》对幼儿语言领域提出的要求,结合幼儿园的实际情况,我们将语言区的活动内容分为"字、词、句子、篇章"四个体系,并在每个体系中渗透"听、说、阅读以及书写"等方面的教育内容。如《指南》中,"倾听与表达"目标3"具有文明的语言习惯"中,4—5岁幼儿的第三个子目标是"能主动使用礼貌用语,不说脏话、粗话"。教师首先要看材料中有哪些是为实现这一目标而设计的,将符合此目标的材料归入这一方面,如果发现有的目标没有材料支持其落实,教师就要根据目标,设计、制作相关的语言区材料,完善自己班级的语言区材料内容体系。

2. 分辨符合当前幼儿发展的区域材料

有了能实现《纲要》和《指南》的语言区材料体系后,教师在进行材料投放时,还要综合考虑自己班上幼儿的发展情况及幼儿的实际需要,在已建立的语言区材料库中分辨出适合当前语言区的材料,并将相应的语言区材料加以汇总,作为近期投放的基本材料,以增强材料的适宜性、适时性与科学性,实现语言区材料内容的层次性、针对性、系统性,为语言区域活动的有效开展做好充分的材料准备。如:某教师在大班语言区投放材料时,发现班级幼儿的语言运用能力有待进一步加强,因此,在投放"我说你做""我说你画""我说你摆"等可以运用语言的合作材料时,考虑到班级幼儿在此方面的不足,仍然保留了"小剧场"、"手偶故事"(见图1-29)、"木偶剧场"等中班语言区的材料,供语言能力不及他人的幼儿选择。

图1-29 手偶故事

3. 合理地分类并呈现材料

教师在语言区材料库中选择适宜的材料,将其投放到语言区活动柜时,不能只是随意地将材料按整齐、美观的标准进行呈现。教师应该根据前面提到的功能来分类，将促进幼儿某一方面能力发展的同一类材料放在一起。在摆放同一类材料时，要有目的地分清材料的层次，由低到高逐一呈现，使材料在活动中有一条"看不见"的层次线索，使每一份材料与它前后的材料呈现递减和递增的关系。这样的投放方式既能保证语言区材料的清晰度，便于幼儿选择材料，也有利于教师观察幼儿。如某教师在语言区投放了有关认识词汇的系列材料，第一份是"名词材料"，第二份是"动词材料"，第三份是"形容词材料"。教师在投放时按难易程度依次摆放，这样幼儿就可根据自己的发展情况从左到右进行选择。如果某幼儿从未探索过这方面的材料，教师在引导他时，可告诉他从左依次往右选择，以此降低幼儿选择材料的难度。

（三）根据幼儿的发展与需要适时地调整材料

在区域活动开展过程中，教师应该根据材料的特性、设计原则以及幼儿的发展需要，有目的、有计划地投放材料，也应该根据幼儿的发展变化、兴趣转移、临时需求等因素，及时地调整材料，使幼儿在语言区域活动中获得持续性的发展，满足幼儿新的需求，使语言区材料更具有时代性。

1. 调整原因

幼儿在区域活动中能获得身心的发展，是建立在幼儿与材料的互动基础上。教师在语言区投放的材料的适宜性直接影响着幼儿参与语言区域活动的兴趣和主动性，也直接影响着幼儿的语言发展速度与高度。幼儿的发展日新月异，其需求具有即时生成性的特点，有些材料因幼儿的不断操作而失去了原有的吸引力，有些材料因多人操作、重复使用而出现破损及缺失，因此教师需要根据不同的情况及时地调整材料。

（1）幼儿发展水平的变化

材料调整的原因中，出现频率最高的是幼儿发展水平的变化引起了新的需要。幼儿发展水平的变化分为个别幼儿发展水平的变化和班级幼儿整体发展水平的变化两方面。

①个别幼儿发展水平的变化。《纲要》总则第五条指出:"幼儿园教育应尊重幼儿的人格和权利,尊重幼儿身心发展的规律和学习特点,以游戏为基本活动,保教并重,关注个别差异,促进每个幼儿富有个性的发展。"而《指南》的"说明"中指出:"每个幼儿在沿着相似进程发展的过程中,各自的发展速度和到达某一水平的时间不完全相同。要充分理解和尊重幼儿发展进程中的个别差异,支持和引导他们从原有水平向更高水平发展……"个性化学习、差异化发展成为当前学前教育的热门话题,因此,在调整和更新班级语言区材料时,教师应重点关注班级每个幼儿的个性化发展,每天要观察、反思、总结,看语言区材料是否能支持每一个幼儿的发展,每天都要考虑班级每一个幼儿在语言领域"最近发展区"的发展有无材料来促进,然后及时调整、增减材料,让区域活动材料真正促进幼儿的差异化发展。

②班级幼儿整体发展水平的变化。简单的低于幼儿发展水平的材料无法激发幼儿的操作兴趣,不利于幼儿挑战新的活动,但超过幼儿发展水平的材料又会使幼儿在操作中受挫,不利于幼儿的进一步发展。幼儿的发展是一个持续、渐进的过程。幼儿在不同的年龄阶段呈现出不同的发展特点,特别是在经历较长时间的寒暑假后,大多数幼儿的发展水平都有了一定程度的提升。因此,教师在学期转变阶段,应根据班级幼儿整体发展水平的变化,及时调整材料。如:教师在小班下学期设计了"图文连线(直线)"的活动材料,画直线对小班幼儿的前书写要求较低,容易让幼儿获得相应的成功。但随着幼儿逐渐成长,到了中班,他们的手部小肌肉的灵活性和力量等都得到了加强,"图文连线(直线)"这样的活动材料对班级幼儿的发展已起不到促进作用了,这时,教师就要通过更高层次的材料来促进幼儿的发展,如投放"图文连线(曲线)"的活动材料。在关注班级幼儿整体发展水平的变化时,教师要从幼儿的身心发展规律着手开展研究,并以此为依据对材料进行调整。

(2)幼儿产生了新的需求

材料的调整的另一个原因是幼儿产生了新的需求。这种需求,有时是集体性的共同需求，有时是某个幼儿的个性化需求。因需求人群不同，教师在调整材料时采取的策略也应有所不同。

①班级产生了集体性需求。集体性需求，有时是由社会热点新闻引发，有时是由幼儿共同的关注引发，有时是由某一主题引发，还有的时候是由幼儿年龄的增长而引发。如果大多数幼儿产生了集体性需求，教师就要根据这种需求，在语言区投放一定数量的、相关的、有层次的、内容有差异的语言活动材料，来满足这部分幼儿的需求。如：在某班的主题活动"我是小小新闻员"中，班级幼儿开始关注各电视台的图标，对每个电视台不同的节目也产生了探索的兴趣。根据幼儿的这一新需求，教师及时地在语言区投放了"电视台标识与文字匹配""电视台节目归类""电视节目安排表"等大量与图标、文字有关的活动材料，这样既满足了幼儿的探索需要，也丰富了班级的语言区材料库。

②幼儿产生了个性化需求。所谓个性化需求，是指班级中的少数或个别幼儿因某种原因而产生了新的需求。出现这种情况后，教师应判断该需求的发展趋势。如果这种个性化的需求是由某个幼儿提前引发，在后续发展中会成为群体的共同需求，那么教师就应该将满足该幼儿需求的这份材料列入语言区系列材料，归入支持班级幼儿后续发展的材料体系中。而如果该需求是这个幼儿特别的发展需求，其他幼儿有可能不会发展到那个阶段或那个方面，那么教师在投放材料时就应该考虑将材料投放到特别研究区，单独满足这个幼儿的需求。如：某幼儿在语言区完成"象形文字"的材料探索后，对文字产生了极大的兴趣，而该幼儿的家长是从事外文出版工作的，家里有各种各样的外文书籍，该幼儿表达了想了解其他国家文字的愿望。针对这个幼儿的特殊需求，基于对其家庭背景的分析，教师在特别研究区为他提供了"各国文字与地图配对"的材料，让他通过探索材料了解不同国家文字的不同形象，这既满足了其个性化的需求，也使他的智力强项得到了更好的发展。

（3）幼儿兴趣点的改变

幼儿对区域活动材料的兴趣，是激发他们探索区域材料的关键要素，教师在调整材料时首先应该关注的就是这方面的情况。在选择区域活动材料时，幼儿一般会有两种形式的表现：一种是班级的大部分幼儿对某一目标体系的材料有着浓厚的兴趣，大家都愿意选择这一类材料进行探索，而有一部分内容的材料对幼儿的吸引力略显不足；另一种是当某一份新材料刚投放时，幼儿的兴趣非常浓厚，但随着操作更加熟练，这份材料失去了原有的吸引力。根据幼儿对材料的两种不同的表现形式，教师在判断材料的适宜性时，应总结、分析幼儿的行为，寻找材料不能引起幼儿兴趣的真正原因，如果是个别材料的问题，就从个别层面调整材料，而如果是属于群体问题，则需要全面分析材料的内容结构，从而增强材料的吸引力。如：某幼儿对语言区"动物字图配对"的材料没有操作兴趣，教师可根据该幼儿喜欢走迷宫的特点，将文字印在房屋上，设计了小动物走迷宫找到正确的房子，然后认识房子上的文字这种游戏方式，让该幼儿很快喜欢上了这份材料，并通过积极地探索材料获得了对文字的认识能力的提升。

2. 调整策略

区域材料的调整，可以分为随机性个别调整、季节性局部调整和阶段性分批调整。教师在选用这些方法时，要依据具体情况有针对性地选择最适宜的方法。教师可在材料投放记录表（如表1-5）中详细记录材料调整的情况。

表 1-5　幼儿语言区材料投放记录表

记录教师：
材料名称：
材料照片：
所属区域：
投入日期：
投入原因：
幼儿与材料互动的情况：
撤出日期：
撤出原因：
材料优点：
材料不足：
后期改进：

（1）随机性个别调整

随机性个别调整是专门针对个别幼儿而进行的。当班级中的某一个幼儿因为发展水平有了提高，产生了新的兴趣和需求，或该幼儿不喜欢语言领域时，教师应及时发现问题，找出材料不合适的原因，然后根据具体情况采取正确的方法，调整并更新材料。由于随机性个别调整的原因各有不同，因此，教师在调整材料前进行原因分析非常重要，只有根据不同的原因开发和设计出适宜的材料进行投放，才能做到有的放矢。

例如：某幼儿因父母从事教育职业，语言能力的发展明显优于班上的其他幼儿，他在小班时就能准确地复述老师讲的故事，而且喜欢回家后将故事进行续编。针对幼儿的这一情况，教师在小班上学期，就在班级语言区投放了"我是小小故事家"的材料，该幼儿通过操作材料中的各种手偶，自编故事情节，并用录音笔进行记录。这份材料的提供，不仅满足了该幼儿对故事仿编的兴趣，也进一步提高了其语言表达能力和创造性思维能力。

（2）季节性局部调整

当班级的部分幼儿或群体幼儿同时有了新需求或新发展时，教师可采用季节性局部调整的方式来调整区域材料。与个别性随机调整相比，季节性局部调整的受众范围相对要广泛一些。主题活动的开展、年龄特征的出现、热点话题的引发等是产生这一需求的基本原因。当班级出现这一现象时，教师应该敏锐地抓住关键点，及时为幼儿设计、调整、投放新的材料，既使幼儿的需求得到满足，也进一步激发他们探索更高层次知识的愿望与兴趣。如：在"我要上小学"主题活动中，参观小学、观看小学生上课引发了某班大部分幼儿对文字、书写、阅读的兴趣。于是教师陆续设计并制作出了"偏旁归类""笔画小书""文字的演变"等一系列语言区材料。这些材料投放后，受到班级幼儿的喜爱，他们争先恐后地到语言区探索材料。

（3）阶段性分批调整

幼儿从小班进入中班，或从中班进入大班，由于年龄的增长，他们的能力会有一个大的飞跃。当出现这一情况时，教师应根据班级多数幼儿的发展变化选用阶段性分批调整的策略，对班级材料进行大的调整。采用这种调整策略时，对材料的更换是分批进行的。此时，教师可能还需要同时对区域环境进行大的调整。

如：小班阶段，幼儿对语言中的文字、阅读、书写的兴趣与需求要弱一些，因此，小班阶段语言区环境的面积相对会比较小，语言区材料的数量也就相应比较少；而到了中班，随着幼儿社会交往能力的提升，他们运用语言的经验越来越丰富，他们对语言区材料的需求会有一个大的变化，因此，教师会扩大语言区环境的面积，大量增加符合幼儿发展需要的各类语言区材料。语言区材料的这种调整方式就是阶段性分批调整。

语言区的三种区域材料调整，一般情况下并不是按顺序进行或交替进行，它们更多的时候是重叠进行。在幼儿进行语言区域活动探索的过程中，教师要根据自己对幼儿的观察，及时进行科学的分析，并灵活地运用各种方法来动态地调整材料，既满足个别幼儿的差异性需要，也满足全体幼儿的共同发展需要。

三、语言区材料预览

在语言区材料预览表（见表1-6）中，我们以幼儿的年龄特征为线索，从低层次到高层次列举了50份材料，其中，小班15份，中班17份，大班18份。这些材料又以字、词、句、篇为排列顺序，前一份材料是操作后一份材料的准备与基础，后一份材料是操作前一份材料的深入与拓展。把这些材料投放到活动区开展教育活动时，教师要将材料的线索铭记在心，在指导和观察幼儿的过程中，了解幼儿在语言区的操作是否有序，同时根据幼儿单次操作的情况，来判断幼儿选择材料的适宜性，并通过材料线索了解幼儿的发展，找到支持幼儿后续发展的材料，制订后续的成长计划，使幼儿在语言区域活动中能在自身原有的水平上得到良好的发展。

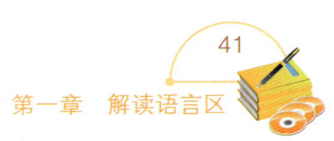

表 1-6　语言区材料预览表

班级序号	小班	中班	大班
1	印章装饰文字	画笔装饰文字	扎文字
2	皱纹纸装饰文字	即时贴装饰文字	拓印文字笔画
3	量词	钓鱼	偏旁花
4	《我的一家》小书	反义词	笔画小书
5	春之书	形容词	书法
6	看图说动词	词语接龙	猜字游戏
7	小动物喜欢吃……	学说你我他	文字的演变
8	动物的家	《西游记》人物小书	成语
9	小美食家	听音找方位	关联词说话
10	好看的房子	组成一句话	夏天到
11	我爱妈妈	小动物在干什么	歇后语
12	小猪变干净了	看一看，说一说	司马光砸缸
13	古诗《咏鹅》	《拔萝卜》小书	井底之蛙
14	诗歌《小小的船》	指偶小剧场	壁虎借尾巴
15	竹简绕口令	绕口令	猜谜语
16		古诗《静夜思》	贴对联
17		卷轴古诗《画》	四季屏风
18			欣赏古诗三首

第二章
语言区材料案例

本园在十几年园本区域课程探索过程中积累了各区域的大量材料，这些材料是在多次园本课程体系优化的基础上，根据幼儿的发展与需要设计、制作的，我们还写出经典的活动案例。我们在 2014 年出版的《幼儿园区域活动——环境创设与活动设计方法》一书中，对各区域的材料设计与投放以及利用材料开展的区域活动进行了详细而全面的介绍。语言区材料是语言区域环境中最关键的要素，在提供材料时，教师首先要依据《纲要》中对各年龄段的要求及《指南》中各层次的目标，然后根据本班幼儿的年龄特点及发展需要制定出具体的语言区教育目标，再按照语言区的教育目标架构科学合理的材料体系。下面我们将为一线教师介绍小、中、大班三个不同年龄段语言区的材料体系，并详细地解析材料设计思路，设置活动材料导航，提供材料照片和材料操作方式，为开展区域活动的幼儿园提供一份可实际操作的材料蓝本。

第一节 小班语言区

在介绍小班语言区时,我们选取了深圳市莲花二村幼儿园17年区域探索成果中的精华,荟萃了我园在中国化、本土化材料设计和制作中的优秀案例,向读者展示如何在小班语言区投放材料,引导幼儿开展语言区域活动,建立良好的常规,并培养幼儿初步的良好学习品质。

一、小班语言区设计思路

在设计小班语言区材料时,教师制定的首要目标是激发幼儿对语言的兴趣,这一兴趣包括幼儿运用语言的兴趣、幼儿了解文字的兴趣以及幼儿对前书写的兴趣。为了更好地达成这一目标,教师根据小班幼儿的思维以具体形象思维为主,小班幼儿的经验主要围绕日常生活这两大特点,通过幼儿生活中喜闻乐见的事物来设计活动和制作材料,使幼儿通过回顾或提升生活中的经验来获得新的语言知识,提高语言能力。如,在让幼儿初步接触名词这一活动中,教师就设计了"小美食家""小动物喜欢吃……"等材料,幼儿通过操作、探索材料,了解平时自己吃到的美食的名称及小动物喜欢吃的食物的名称。这种贴近幼儿生活的语言材料,更好地激发了幼儿的操作兴趣,也增强了他们进一步了解与学习语言的愿望。

二、小班语言区活动导航

在小班语言区导航图(见图2-1)中,通过材料的名称,我们就可以看出,材料主要是围绕幼儿的生活,以幼儿身边的人物、幼儿喜欢的动物为主要载体。这些将小班幼儿的生活经验提炼后做成的直观材料,让抽象的知识具体化、形象化,幼儿更愿意操作材料、参与活动,从而获得知识,促进能力的发展。

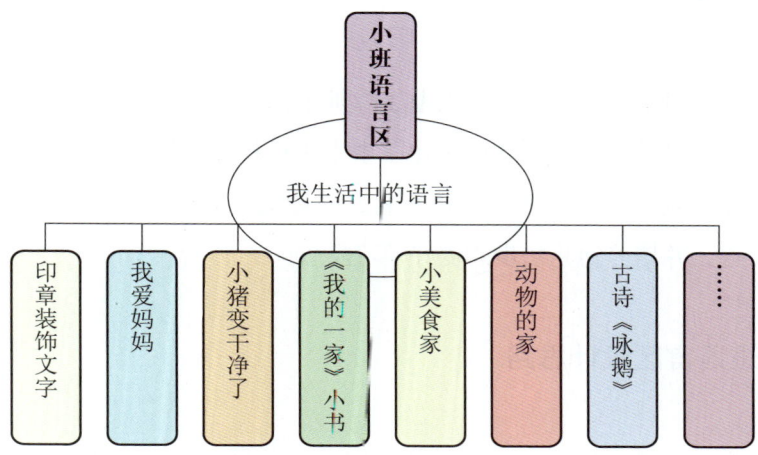

图 2-1　小班语言区导航图

三、小班语言区材料案例

案例 2-1

（1）活动名称：印章装饰文字。

（2）活动目标：

①通过玩文字,产生对文字符号的兴趣。

②初步感知汉字的字型特点。

③提高手部肌肉的控制能力。

（3）材料解读：

①文字结构相对简单,工作单上提供的文字最好是华文彩云体。

②印章图案选用幼儿喜欢的卡通形象或熟悉的图案,最好是自动原子印章。

③字的空心处与背景颜色有反差。

（4）材料构成（见图2-2和图2-3）：

①空心文字纸张，原子印章，垫板。

②托盘，布艺袋，小盒子。

图2-2 材料构成1

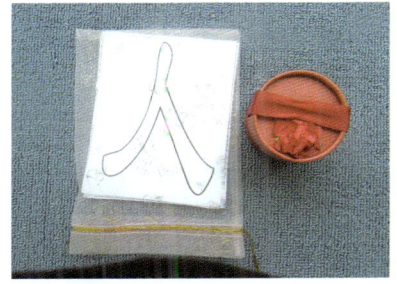

图2-3 材料构成2

（5）操作步骤：

①从布艺袋内取出空心文字纸张，将其固定到垫板上（见图2-4）。

图2-4 夹在垫板上

②从小盒子里取出印章，按从上到下、从左到右的顺序依次印在纸张上文字的空心处（见图2-5）。

图2-5 在空心处盖印章

③按笔顺盖印章,检查印章是否盖在文字的空心处,所盖印章不能超出轮廓线(见图2-6)。

图 2-6　按笔顺盖印章

④操作结束后,欣赏工作单并读一读(见图2-7)。

图 2-7　读一读

(6)适宜年龄:3—4岁。

(7)错误控制:印章只能盖在纸张上文字的空心处。

(8)注意事项:教师要提醒幼儿正确使用印章,不要弄脏身体和桌面。

(9)变化延伸:提供的文字可以由简单到复杂。

(10)活动反思:

①在幼儿感知文字符号的初始阶段,印章装饰文字的操作材料,能够很好地激发起幼儿对认识文字的兴趣。

②为幼儿提供简单的、常见的文字进行装饰,小班幼儿操作起来比较简单,能够体验到成功的喜悦。但是,活动中有个别幼儿对印章的使用把握得不是很到位,不能完全盖到文字的空心处,需要教师及时指导。

③当幼儿完成所有材料操作后,教师要鼓励幼儿用食指画画字形,完整地点读汉字,为后续提供材料寻找依据。

案例 2-2

（1）活动名称：皱纹纸装饰文字。

（2）活动目标：

①通过装饰文字，引发对文字的探究欲望。

②进一步感知文字的外形特点。

③初步养成细心做事的良好习惯。

（3）材料解读：

①文字结构相对简单，工作单上提供的文字应该是空心字，且外轮廓线应尽可能清晰、简洁。

②皱纹纸条大小要适宜，便于幼儿将皱纹纸揉成团；皱纹纸条颜色鲜艳。

（4）材料构成（见图2-8和图2-9）：

①空心文字纸张，皱纹纸碎，胶水。

②方形托盘，布艺袋，心形首饰盒，工作单。

图2-8　材料构成1

图2-9　材料构成2

（5）操作步骤：

① 从布艺袋内取出空心文字纸张，放在地毯上，打开心形首饰盒。从方形托盘中取出皱纹纸碎，把皱纹纸揉成小团（见图 2-10）。

图 2-10　把皱纹纸揉成小团

图 2-11　把纸团放到首饰盒里

② 把揉好的纸团放到首饰盒里（见图 2-11）。

图 2-12　给纸团涂抹胶水

③ 从首饰盒里取出纸团抹上胶水。（见图 2-12）。

图 2-13　粘贴纸团

④ 按从上到下、从左到右的顺序把纸团粘贴在纸张上文字的空心处（见图 2-13）。

⑤检查装饰用的皱纹纸团是否粘贴在文字的空心处,纸团不能超出轮廓线(见图2-14)。

图2-14 粘贴完整

⑥操作结束后,欣赏工作单并认读汉字(见图2-15)。

图2-15 认读汉字

(6)适宜年龄:3—4岁。

(7)错误控制:皱纹纸团只能粘贴在纸张上文字的空心处。

(8)注意事项:

①若幼儿能力较弱以至不会揉纸团,皱纹纸团可由教师提供。

②当幼儿的能力发展到一定程度后,皱纹纸团可由他们在美工区提前完成。

(9)变化延伸:

①提供的文字可以由简单到复杂。

②提供的皱纹纸颜色可以从单一到多样。

(10)活动反思:

①引导幼儿在操作中先感知文字的外形特点,再用团好的纸团进行装饰,

这有助于培养幼儿做事的条理性。

②因小班幼儿的小肌肉动作发展不完善，在操作过程中有部分幼儿会出现团不紧皱纹纸团的情况。为了训练小班幼儿的手指灵活性，可以在美工区投放一份专门的练习团纸团的活动材料。

③当幼儿完成所有材料操作后，教师可让幼儿点读装饰好的汉字，尝试空手描红，提高幼儿认读文字的兴趣。

案例 2-3

（1）活动名称：量词。

（2）活动目标：

①乐意探索事物之间的关系。

②认识量词，尝试运用量词。

③提高动手动脑的能力。

（3）材料解读：

①提供的实物小巧、可爱、逼真，容易辨认且能吸引幼儿。

②相关联的量词卡、实物，与放实物的色卡颜色一致。

（4）材料构成（见图2-16）：

①写有量词的彩色字卡，与量词相对应的颜色卡及实物、记录单、笔。

②编织筐，装字卡和颜色卡的小碗两个。

（5）操作步骤：

①把小碗、编织筐分别取出，摆放在地毯上（见图2-17）。

图 2-16　材料构成

图 2-17　取出并摆放材料

②从小碗中取出量词卡,将其按从上到下的顺序摆好并认读(见图2-18)。

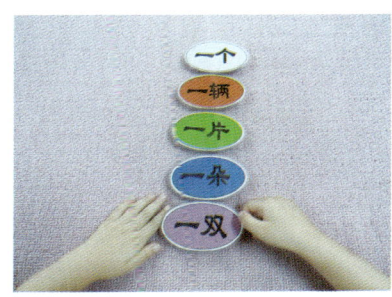
图2-18 摆好量词卡

③再把对应的色卡从小碗中取出,并列摆放在量词卡旁边(见图2-19)。

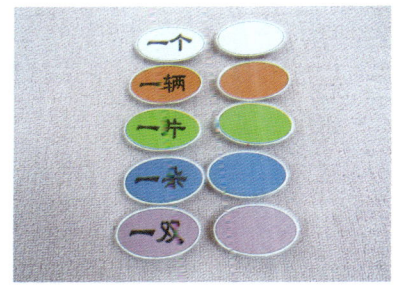
图2-19 对应摆好色卡

④依次从小盒中取出实物,按颜色把实物放在对应的色卡上,如将鞋子放在量词"一双"旁边的色卡上(见图2-20)。

图2-20 把实物放在色卡上

⑤边摆放,边说出量词词组。
⑥摆放完毕后,从上到下,说一说量词词组,如"一朵花"(见图2-21)。

图2-21 说一说量词词组

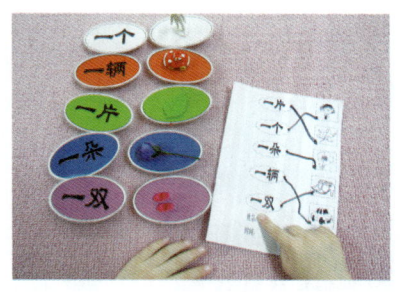

⑦对照操作好的材料，完成记录单上的连线，并说一说量词（见图2-22）。

图 2-22　指读记录单上的量词

（6）适宜年龄：3—4岁。

（7）错误控制：字卡与颜色卡的颜色一致。

（8）注意事项：

①教师要引导幼儿先观察，找到材料之间的相同点，再进行操作。

②教师要引导幼儿养成在操作完成后指读的习惯。

（9）变化延伸：

①量词可以拓展。

②实物可以替换为图片，或替换为文字。

③量词可以放入一句话中。

（10）活动反思：

①对于有文字的量词卡，幼儿可能会随意摆放，教师应引导幼儿按从上到下的顺序排列，以便于他们操作。

②在进行色卡匹配时，让幼儿参照量词卡的颜色，把色卡有序地排列在量词卡的右边，这样下一步更容易操作。

③教师引导幼儿把实物按色卡的颜色，对应摆放在没有量词的色卡上。当幼儿完成所有材料操作后，教师一定要让幼儿完整、正确地指读量词，进一步让幼儿知道与各种实物相对应的量词是什么。同时，教师要了解每个幼儿在语言领域的发展水平及发展需要，为后续提供材料寻找依据。

案例 2-4

（1）活动名称：《我的一家》小书。

（2）活动目标：

①产生对爸爸妈妈的爱的情感。

②认识我的一家的主要成员。

③初步了解小书的结构，尝试自己制作小书。

（3）材料解读：

①《我的一家》小书简洁明了，能激发幼儿阅读的欲望。

②幼儿对"我的一家"中的成员有一定的了解，容易对材料产生兴趣。

（4）材料构成（见图2-23）：

①两本《我的一家》小书（一本小书中有完整的家庭成员图片和文字；另一本小书中有相同的图片，但没有文字），"爸爸""妈妈""我"文字卡片。

②藤筐，陶瓷收纳盒。

图2-23 材料构成

（5）操作步骤：

①从藤筐中取出两本《我的一家》小书，放在地毯上（见图2-24）。

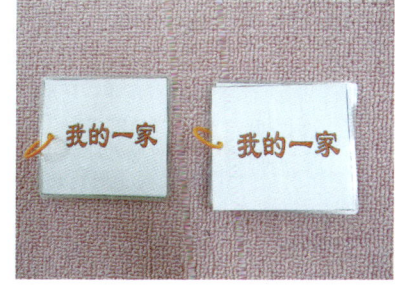

图2-24 摆放小书

②拿起完整的《我的一家》小书，逐页翻看并指读"爸爸""妈妈""我"（见图2-25）。

图2-25 翻看小书并指读

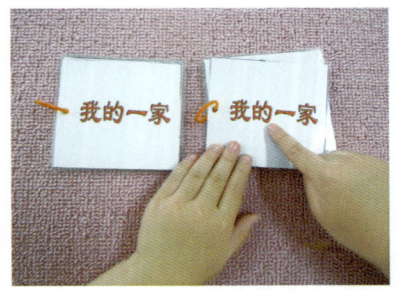

图 2-26 对应摆好并指读

③拿来另一本《我的一家》小书，与完整的《我的一家》小书对应摆好（见图 2-26）。

图 2-27 取出文字卡片

④打开陶瓷收纳盒，取出里面的"爸爸""妈妈""我"文字卡片（见图 2-27）。

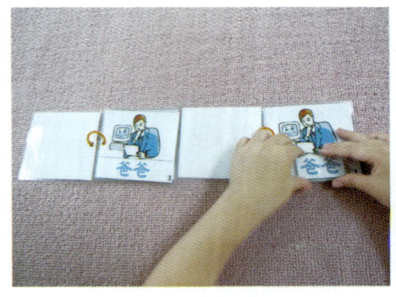

图 2-28 对应文字粘贴

⑤翻开无文字的《我的一家》小书，按照刚刚阅读过的完整的《我的一家》小书，把"爸爸""妈妈""我"文字卡片对应粘贴在正确的位置（见图 2-28）。

图 2-29 再次翻看小书并指读

⑥完成后，再次翻看小书，并指读"爸爸""妈妈""我"（见图 2-29）。

（6）适宜年龄：3—4岁。

（7）错误控制："爸爸""妈妈""我"的文字颜色和家庭成员的服装颜色一致。

（8）注意事项：教师应注意引导幼儿一边操作一边说出家庭成员的名称。

（9）变化延伸：

①投放涂色记录单。

②让幼儿尝试自己制作小书。

③增加"我的一家"中的家庭成员。

（10）活动反思：

①当幼儿翻看《我的一家》小书时，因为小书中的内容与幼儿的生活经验相关，所以说出家庭成员不会给幼儿增加困难。但是，幼儿对数字的正确顺序不太清楚，教师一定要让他们借助参照版小书反复进行操作，以便准确地认识书页。

②让幼儿按正确的页码顺序进行操作，以免将页序搞错，从而对书的一般结构形成错误的认识。

③当幼儿完成所有材料操作后，教师一定要让幼儿完整、正确地指读小书中的文字。同时，教师要了解每个幼儿在语言领域的发展水平及发展需要，为后续提供材料寻找依据。

案例2-5

（1）活动名称：春之书。

（2）活动目标：

①产生对大自然的热爱之情。

②知道春天的主要特征。

③提高欣赏春天的美的能力。

（3）材料解读：

①有中国特色的相册，可激发幼儿的兴趣。

图 2-30　材料构成

②相册中有关于春天特征的图片。

（4）材料构成（见图 2-30）：

①有中国特色的活页相册 1 本，有春天特征的图片 5 张。

②有中国特色的托盘。

图 2-31　取出活页相册

（5）操作步骤：

①从有中国特色的托盘中，取出有中国特色的活页相册（见图 2-31）。

图 2-32　欣赏并认读

②欣赏"春之书"封面，指读封面上的文字（见图 2-32）。

图 2-33　插入图片

③欣赏有春天特征的图片。

④逐页翻开相册，把有春天特征的图片插入每一页（见图 2-33）。

⑤插好后,逐页翻看相册。

⑥翻看相册时,大声朗读图片上的文字(见图2-34)。

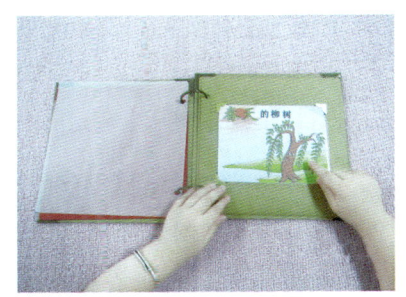

图 2-34　翻看相册并朗读文字

⑦取出记录单,经过操作后完成记录单(见图2-35)。

图 2-35　完成记录单

⑧欣赏记录单,并指读文字(图2-36)。

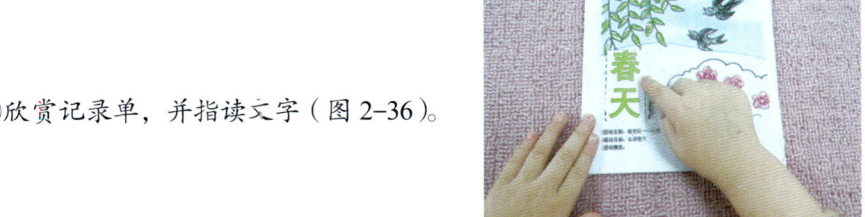

图 2-36　欣赏记录单并指读文字

(6)适宜年龄:3—4岁。

(7)错误控制:每一张图片上关于"春天"的文字颜色一致、字体一致。

(8)注意事项:教师要引导幼儿一边操作,一边说出春天的特征。

(9)变化延伸:

①内容可以根据季节变化而变化。

②内容也可以变成家庭成员的照片或班级小伙伴的照片。

（10）活动反思：

①在幼儿欣赏"春之书"时，教师要引导幼儿先欣赏相册中的图片，再指读图片上的文字。

②在幼儿的欣赏过程中，教师要引导幼儿遵循先观察图片再指读的原则，从而既加深幼儿对春天的认识，又不降低其对材料的兴趣。

③当幼儿完成所有材料操作后，教师要让幼儿正确地指读关于"春天"的文字。同时，教师要了解每个幼儿在语言领域的发展水平及发展需要，为后续提供材料寻找依据。

案例 2-6

（1）活动名称：看图说动词。

（2）活动目标：

①初步了解生活中常用的几个动词。

②初步感知动名词的正确搭配。

③提高字图匹配能力及相关的推理能力。

（3）材料解读：

①幼儿操作的图卡分左右两部分，左边是有完整的动名词组的图片，右边是缺少动词的图片。

②单独的字卡大小与空出的文字框大小一致。

（4）材料构成（见图 2-37）：

①字、图匹配卡片 1 套，动词字卡 1 套，记录单。

②竹盘，纸制卡通小盒子。

图 2-37　材料构成

（5）操作步骤：

①将要操作的所有材料从竹盘中取出（见图2-38）。

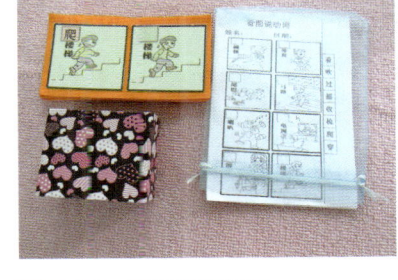

图2-33 取出所有材料

②分别将字图卡和字卡整齐地摆放在地毯上（见图2-39）。

图2-39 摆放字图卡和字卡

③幼儿有序地在字图卡中找出一张，观察并辨认（见图2-40）。

图2-40 辨认字图卡

④幼儿在辨认的基础上找出与字图卡上的名词匹配的动词字卡，并摆放到正确的位置上（见图2-41）。

图2-41 取出正确的动词字卡

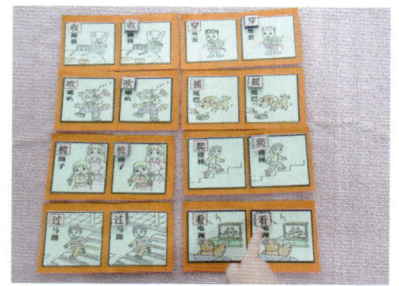

图 2-42　完成字图匹配

⑤完成所有的字图匹配，认读并检查正确与否（见图 2-42）。

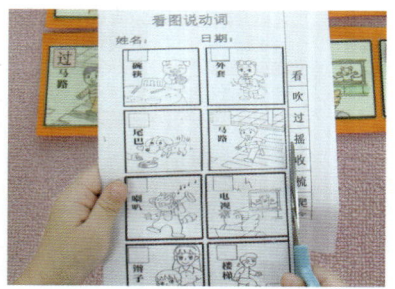

图 2-43　记录操作过程

⑥根据材料的探索情况，选择记录单，记录操作过程（见图 2-43）。

图 2-44　认读动词

⑦完成记录并再次认读（见图 2-44）。

（6）适宜年龄：3—4 岁。

（7）错误控制：字图卡上左右两边的画面一致，且文字字框的大小一致。

（8）注意事项：

①在幼儿活动时教师要引导幼儿先观察字图卡上的画面，理解画面后，再辨识文字。

②能力强的幼儿可进行适当的前阅读，认识文字。

（9）变化延伸：

①增加其他方面的动词，如戏曲中的动词、旅行中的动词等。

②可从动词延伸到形容词、量词等其他不同词性。

（10）活动反思：

①这一活动是字图匹配的探索活动，教师应根据幼儿的发展水平，引导幼儿采用不同层次的探索方法，如：能力弱的幼儿可进行字图匹配活动；而能力强的幼儿在匹配完成的基础上，可进行文字辨认。

②本材料中有记录单，教师应根据幼儿的能力状况让幼儿有选择性地进行操作。如动手能力弱的幼儿（使用剪刀不熟练的幼儿），应增强动手能力后再选择完成记录。

③本材料中的操作卡片有8张，如果有幼儿在完成字图匹配后，再填写记录单，单次时间不够，教师可让幼儿在第二天的区域活动中有优先选择权，以确保探索的持续性。

案例 2-7

（1）活动名称：小动物喜欢吃……

（2）活动目标：

①乐意探索大自然中事物之间的关系。

②认识小动物喜欢吃的食物。

③提高语言表达能力。

（3）材料解读：

①教师提供的操作材料形象生动，可吸引幼儿。

②小动物是幼儿在生活中常见的动物，材料容易操作。

图 2-45 材料构成

图 2-46 将材料摆放在地毯上

图 2-47 粘贴动物

图 2-48 对应动物粘贴食物

（4）材料构成（见图 2-45）：

① 草坪 2 块，每块草坪分成上、中、下三格，分别粘有魔术贴；背后有魔术贴的动物、食物操作材料；上有完整的一句话的句卡 4 张。

② 托盘 1 个，布艺筐 2 个，装句卡的小袋 1 个。

（5）操作步骤：

① 将草坪、布艺筐、小布袋分别取出，摆放在地毯上（见图 2-46），把 2 块草坪分别铺好。

② 从一个布艺筐中取出动物，粘贴在草坪的最上格（见图 2-47）。

③ 再从另一个布艺筐中取出食物，对应动物粘贴在草坪的中间格（见图 2-48）。

④从装句卡的小袋子中取出句卡，按照句卡上的小图提示，把句卡对应粘贴在动物和食物的下方（见图2-49）。

图2-49　对应粘贴句卡

⑤边粘贴，边指读句卡上的句子（见图2-50）。

图2-50　指读句子

⑥粘贴完句卡后，从左到右完整地指读句子，如"小兔子喜欢吃萝卜"（见图2-51）。

图2-51　完整指读句子

⑦对照操作好的材料，完成记录单上的剪贴，再次朗读句子（见图2-52）。

图2-52　指读记录单上的句子

（6）适宜年龄：3—4岁。

（7）错误控制：动物的颜色块与草坪的颜色一致，食物上椭圆形的颜色块与草坪的颜色一致，句卡上的蓝色与草坪上的蓝色一致。动物和食物匹配，句卡上有动物和食物的小图片。

（8）注意事项：

①教师要引导幼儿先观察，找出动物与食物之间的关系，再进行操作。

②教师要引导幼儿养成完成操作后指读的习惯。

（9）变化延伸：

①可以拓展动物和食物的范围。

②可以提供微型模拟景观操作材料。

③内容可以是故事，让幼儿模拟动物之间的对话。

（10）活动反思：

①在幼儿操作的过程中，教师应该作为一个观察者从不同的角度记录幼儿操作材料、运用知识经验的情况，当幼儿需要帮助时，再适时介入指导。

②教师要引导幼儿在操作中遵循先观察再摆放的原则。要让幼儿运用自身的知识经验，为动物配上相应的食物，并准确地摆放相应的材料，鼓励幼儿正确地说出小动物喜欢吃什么。

③当幼儿完成所有材料操作后，教师要提醒幼儿完整地指读记录单上的句子，及时了解每个幼儿的语言发展水平，并根据幼儿的需要开发后续材料。

案例 2-8

（1）活动名称：动物的家。

（2）活动目标：

①乐意探索大自然中事物之间的关系。

②知道动物生活的环境。

③提高语言表达能力。

（3）材料解读：

①教师提供的操作材料形象生动，可吸引幼儿。

②动物是幼儿熟悉的，材料容易操作。

（4）材料构成（见图2-53）：

①木制大自然场景，场景中有沙漠、草原、森林、农场、河流；适合在这个场景中生活的动物（骆驼、马、河马、老虎和公鸡）玩具；有磁性的、上有完整的一句话的句卡。

②小兔子藤筐1个，装句卡的小竹筐1个。

图2-53 材料构成

（5）操作步骤：

①把木制大自然场景取出放在地毯上，观察并欣赏（见图2-54）。

图2-54 欣赏木制大自然场景

②把装有动物的小兔子藤筐取出，看一看每种动物（见图2-55）。

图2-55 观察动物

图 2-56 送小动物回家

③逐一取出每种动物,放在适合它生活的环境中,如把老虎放在森林里(见图2-56)。

图 2-57 说出动物的家

④把动物相继放在适合它们生活的环境中,并说出"老虎(骆驼、马、河马或公鸡)的家在……"(见图2-57)。

图 2-58 吸附句卡

⑤从装句卡的小竹筐中取出句卡,按照句卡上的颜色提示,把句卡对应吸附在爱心标志牌上(见图2-58)。

图 2-59 指读句子

⑥边吸附,边指读句卡上的句子(见图2-59)。

⑦完成后,手指句卡,依次朗读句卡上的句子(见图2-60)。

图 2-60　完整指读

⑧对照操作好的材料,完成记录单上的连线,再次朗读句子(见图2-61)。

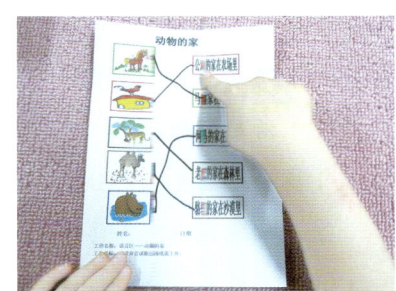

图 2-61　读一读记录单

(6)适宜年龄:3—4岁。

(7)错误控制:动物和食物匹配,句卡上有动物和食物的小图。

(8)注意事项:

①教师要引导幼儿先观察,找出动物与自然环境之间的关系,再进行操作。

②在幼儿操作完成后,教师要引导幼儿养成指读的习惯。

(9)变化延伸:

①可以增加动物的数量。

②可以把内容替换为诗歌《家》。

(10)活动反思:

①幼儿在欣赏缩微景观时,能够根据已有的知识经验,准确地判断动物是在什么环境中生活,正确地把小动物摆放到相应的场景中,并能够说出动物的生存环境。教师切勿干预幼儿,只观察幼儿的行为即可。

②在操作中，教师要引导幼儿遵循先观察再摆放的原则。让幼儿运用自身的知识经验，准确地摆放材料。教师引导幼儿指读句子，幼儿能正确地说出动物的家在哪里。

③当幼儿完成所有材料操作后，教师一定要让幼儿完整、正确地指读记录单上的句子。同时，教师要了解每个幼儿在语言领域的发展水平及发展需要，为后续提供材料寻找依据。

案例 2-9

（1）活动名称：小美食家。

（2）活动目标：

①感受中国美食的独特，初步建立热爱传统美食的情感。

②正确地说出中国传统美食的名称，初步认识相关文字。

③提高观察事物、辨认文字的能力。

（3）材料解读：

图 2-62　材料构成

①将形态各异的中国传统美食制作成立体小书，使材料更加生动形象，既便于幼儿操作，又能激发其探究的愿望。

②文字卡片的大小、字体、边框颜色的巧妙设计能帮助幼儿顺利地完成材料的操作。

（4）材料构成（见图 2-62）：

①《小美食家》立体小书，装有美食名称字卡的小圆盒，与小书内容匹配的记录单。

②托盘，剪刀，胶水，小网袋。

（5）操作步骤：

①取出所有操作材料（见图 2-63），观察小美食家图片上的美食，说出每一页上的美食名称。

图 2-63　取出材料

②从小圆盒中分别取出美食字卡,将字卡有序地摆放在地毯上(见图2-64)。

图2-64 有序地摆放字卡

③再次翻看小书,说出图片上的美食名称,找出相应的字卡摆放在图片下面(见图2-65)。

④检查摆放在图片下方的大文字与图片右下角的小文字是否一致,确认文字摆放正确。

图2-65 字卡与图片对应

⑤逐页翻看图书,观察图片内容,说出美食名称,摆放与图片相对应的文字,完成整本书的操作。

⑥操作完成后,拿出记录单进行观察,剪下小图片(见图2-66)。

图2-66 剪下小图片

⑦对照立体小书,将剪下的图片粘贴到相应的文字上方(见图2-67)。

图2-67 将图片粘贴到文字上方

⑧完成所有图片与文字的对应粘贴工作（见图2-68）。

图 2-68　完成所有图文匹配

⑨完成记录单后，欣赏作品并完整地指读文字（见图2-69）。

图 2-69　完整地指读文字

（6）适宜年龄：3—4岁。

（7）错误控制：大小字卡的边框颜色、字体形状完全一致。

（8）注意事项：

①教师要引导幼儿观察每一页画面的内容，能够正确地说出不同美食的名称。

②教师要引导幼儿用正确的翻书方式进行阅读。

（9）变化延伸：

①美食内容可以更换或者增加。

②操作材料中还可以添加一些仿真的美食模型。

③记录单可以采用文字或图片交替剪贴的形式进行设计。

（10）活动反思：

①因为给幼儿提供的是立体小书，在幼儿与材料互动的过程中，教师应该引导幼儿先观察图片的内容，感知不同美食的外形特征，再说出美食的具

体名称。

②在摆放美食名称字卡、完成记录单的过程中,教师应该提醒幼儿学会自我检查,检查大小文字的字体形状与边框颜色是否一致,养成良好的自我评价习惯,同时避免因为操作上的失误而降低对材料的兴趣。

③当幼儿完成所有材料操作后,教师应提醒幼儿完整地指读记录单上的文字,以便评估其是否通过操作达到了此份材料的学习目标,同时为后续提供材料收集依据。

案例 2-10

(1)活动名称:好看的房子。

(2)活动目标:

①体验生活中五彩缤纷的颜色带来的乐趣。

②认识常见的形容词。

③初步尝试用形容词造句。

(3)材料解读:

①活动材料由废弃的牛奶盒和消毒后的彩色吸管加工而成。

②活动材料颜色鲜艳,立体感强。

(4)材料构成(见图2-70):

①彩色房子,词卡,与房子的颜色相同的水果图卡,记录单,剪刀,胶水。

②竹筐,碟子。

图 2-70　材料构成

(5)操作步骤:

①把彩色房子按红、黄、绿、紫的顺序从左到右摆放在地毯上(见图2-71)。

图 2-71　摆放房子

图2-72 取出词卡

②从碟子中取出各色房子的词卡，散放在房子的右下方（见图2-72）。

图2-73 将词卡与房子对应

③将词卡按颜色对应摆放在房子前面（见图2-73）。

图2-74 取出水果图卡

④从竹筐中取出水果图卡，对应摆放在词卡的前面（见图2-74）。

图2-75 将水果图卡与房子对应

⑤将水果图卡插入相应的彩色房子的烟囱里（见图2-75），并学说一句话，如"红房子是红苹果的家"。

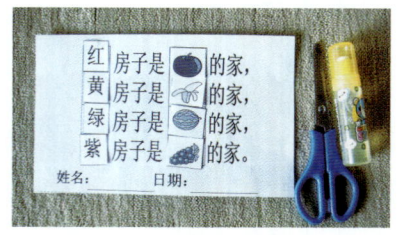

图2-76 完成记录单并说一说

⑥根据操作结果完成记录单，对着记录单说一说（见图2-76）。

（6）适宜年龄：3—4岁。

（7）错误控制：房子、词卡和水果图卡的颜色一致。

（8）注意事项：

①教师要引导幼儿按"说房子的颜色—找颜色一致的词卡—找水果卡—造句"的顺序操作材料。

②在幼儿操作完成后，教师要引导幼儿学会检查，辨认词卡上的第一个字是否与房子上的文字一致。

（9）变化延伸：

①可以更改颜色，让幼儿认识更多的颜色。

②为幼儿提供不同的情景，拓展造句内容，如"蓝蓝的天空是白云的家"。

（10）活动反思：

①这份材料色彩鲜艳，幼儿操作起来简单明了，在下一阶段可以增加难度。比如，由4种颜色增加到6种颜色，还可以替换其他颜色。

②卡片上的水果是幼儿在日常生活中非常熟悉的，如果换成蔬菜卡片系列，内容更丰富，幼儿的兴趣会更持久。

③个别幼儿对记录单上不同颜色的文字不敏感，分辨不清，在粘贴时容易出现错误。教师可以引导幼儿一一对照房子上不同颜色的文字，完全一致后再粘贴文字。

案例2-11

（1）活动名称：我爱妈妈。

（2）活动目标：

①加深幼儿爱妈妈的情感。

②认读文字"我""爱""妈"。

③尝试排序造句，学说简单句。

（3）材料解读：

①同一组爱心花环图的底板颜色与组成句子的文字底板颜色一样。
②每一句话的字卡背面有有序的数字标记。
③记录单上的文字框有虚线与实线之分。

（4）材料构成（见图2-77）：
①爱心花环图3张（颜色不同），3份不同颜色的"我""爱""妈""妈"的字卡。
②剪刀，胶水，记录单。
③大托盘，装字卡的小花盒。

图2-77 材料构成

（5）操作步骤：
①取出3张爱心花环图，然后摆放在地毯上（见图2-78）。

图2-78 摆放爱心花环图

②从小花盒中逐一取出字卡，然后按颜色分类散放在对应颜色的花环图右侧（见图2-79）。

图2-79 取出字卡

③将"妈妈爱我"4个汉字有序地摆放在相同颜色的花环图上面，点读短句"妈妈爱我"（见图2-80）。

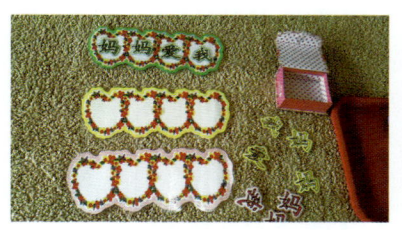

图2-80 摆放句子

④按此方法依次摆成短句"我爱妈妈"和"爱我妈妈"（见图2-81）。

图2-81　摆放不同的句子

⑤把一句话的字卡翻到反面，查看一下数字是否排列有序（见图2-82）。

图2-82　查看数字

⑥对照短句完成记录单，再次进行认读（见图2-83）。

图2-83　对照短句完成记录单

（6）适宜年龄：3—4岁。

（7）错误控制：爱心花环图的颜色与字卡对应，字卡后标有数字。

（8）注意事项：

①在幼儿操作时，教师要引导幼儿仔细观察文字底板的颜色，先进行字卡颜色的分类，再把字卡摆放在相同颜色的底板上。

②教师要引导幼儿养成在操作完成后检查的习惯。

（9）变化延伸：将句子中的"妈妈"换成"爸爸""爷爷""奶奶"等不同家庭成员的称谓。

（10）活动反思：

①幼儿对活动很有兴趣，被爱心花环图片漂亮的外形吸引，但在完成记录单的剪贴时有一定的困难。教师可以引导幼儿把文字先涂成彩色的，再粘贴。

②记录单上的文字比较小，小班幼儿拿取字卡不方便，使用剪刀也不够灵活，因此教师可以把记录单上的文字调整得大一些。

③"妈妈爱我""我爱妈妈""爱我妈妈"，四个字组合成了三个短句，这体现了中国文字的魅力。在幼儿完成记录单之后，可以让幼儿"走心"默读几遍，慢慢体会中国文字的魅力。

案例 2-12

（1）活动名称：小猪变干净了。

（2）活动目标：

①乐意操作材料，讲述故事。

②知道故事中的主要情节和对话。

③提高语言表达能力。

（3）材料解读：

①教师提供的操作材料形象生动，可吸引幼儿。

②故事中的句子反复出现，降低了难度，便于幼儿表达。

图 2-84　材料构成

（4）材料构成（见图 2-84）：

①相框架 5 个，1 个大的，4 个小的；图片 5 张，1 张大的，上面有故事名称，4 张小的，上面有故事情节及数序；有完整句子的句卡 4 张。

②托盘 1 个，布艺筐 1 个，竹编圆筐 1 个，装句卡的小袋 1 个。

（5）操作步骤：

①取出相框架，摆放在地毯上（见图2-85）。

图 2-85　取出相框架

②把大的相框架架好，摆放在地毯中间的后方。再把小相框架架好，按1—4的数序排好顺序（见图2-86）。

图 2-86　按数序摆好相框架

③从布艺筐中取出图片，把大的图片放在大的相框架上，读一读故事名称"小猪变干净了"（见图2-87）。

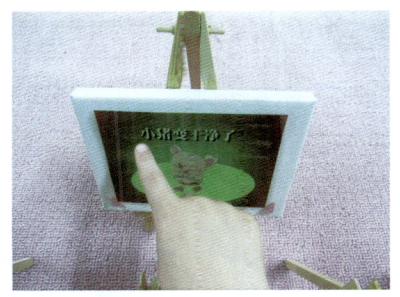

图 2-87　指读故事名称

④分别取出小图片，按数序把图片对应摆放在小的相框架上（见图2-88）。

图 2-88　有序摆放故事图片

⑤摆放好图片后，从1到4有序地讲述故事（见图2-89）。

图 2-89　按情节讲述故事

⑥从装句卡的布袋中取出句卡，按照数序，把句卡对应粘贴在小图片上（见图2-90）。

图 2-90　按序粘贴句卡

⑦完成操作后，按故事情节指读第一幅图到第四幅图上的句子（见图2-91）。

图 2-91　指读图片上的句子

（6）适宜年龄：3—4岁。

（7）错误控制：图片上的数字和相框架上的数字一致，句卡上有数字编号。

（8）注意事项：

①教师要引导幼儿先观察，发现图片和相框架上的数字后，再进行操作。

②教师要引导幼儿养成在操作完成后指读的习惯。

（9）变化延伸：

①故事内容可以替换成《三只蝴蝶》《狼来了》等。

②可以提供故事场景、缩微景观材料。

（10）活动反思：

①幼儿首先观察图片，对故事《小猪变干净了》有一定的认识，能够根据自己的认知水平讲述故事。教师切勿干预幼儿，而应观察幼儿的行为，倾听幼儿讲述。

②在幼儿的操作过程中，教师要引导幼儿遵循先观察再摆放的原则。教师要让幼儿根据自己的理解程度准确地摆放材料，引导幼儿指读句子，正确地说出故事情节中的关键句子。

③当幼儿完成所有材料操作后，教师一定要让幼儿完整地把故事讲述一遍，正确地指读图片上的关键句子。同时，教师要了解每个幼儿在语言领域的发展水平及发展需要，为后续提供材料寻找依据。

案例 2-13

（1）活动名称：古诗《咏鹅》。

（2）活动目标：

①加深对古诗的喜爱之情。

②感知古诗意境。

③了解和熟悉一些简单易懂的古诗词。

（3）材料解读：

①运用有中国特色的羽毛型纸扇来吸引幼儿的注意力。

②材料的背面使用了魔术贴，便于幼儿操作。

（4）材料构成（见图 2-92）：

①2 把纸扇，一把纸扇上有完整的古

图 2-92　材料构成

图 2-93　摆放好纸扇

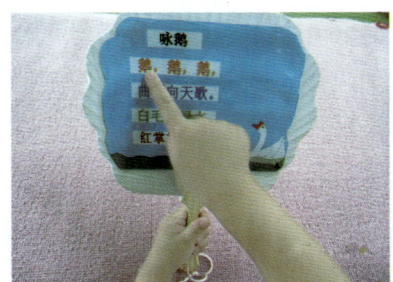

图 2-94　欣赏并指读

图 2-95　摆好另一把纸扇

图 2-96　对应粘贴

诗《咏鹅》，另一把纸扇上按古诗的结构附有魔术贴。

②托盘，青花布袋。

（5）操作步骤：

①从托盘中相继取出2把纸扇并列摆放好（见图2-93）。

②拿起有古诗的扇子，欣赏并指读（见图2-94）。

③将另一把纸扇对应放好（见图2-95）。

④按照刚刚朗诵的古诗结构，对应粘贴上每一句（见图2-96）。

⑤边粘贴边朗诵每一句古诗（见图2-97）。

图2-97 朗诵古诗

⑥完成记录单后，欣赏并朗诵一遍（见图2-98）。

图2-98 欣赏记录单并朗诵

（6）适宜年龄：3—4岁。

（7）错误控制：古诗每一句的颜色不同，相同的句子颜色相同。

（8）注意事项：教师应注意引导幼儿一边操作一边朗诵。

（9）变化延伸：

①可以把《咏鹅》换成其他浅显易懂的古诗。

②可以把纸扇换成其他有中国特色的材料。

③可以把古诗换成浅显易懂的成语故事。

（10）活动反思：

①幼儿欣赏有古诗的纸扇，纸扇上浅显易懂的古诗，幼儿易于理解，教师一定要引导幼儿先欣赏纸扇上的图画，再指读纸扇上的古诗。

②在进行诗句粘贴时，引导幼儿遵循先把需粘贴诗句对应原诗句再进行粘贴的原则，以免造成诗句的紊乱，降低幼儿对材料的兴趣。

③当幼儿完成所有材料操作后，教师一定要让幼儿完整、正确地朗诵古

诗。同时，教师要了解每个幼儿在语言领域的发展水平及发展需要，为后续提供材料寻找依据。

案例 2-14

（1）活动名称：诗歌《小小的船》。

（2）活动目标：

①萌发朗诵诗歌的愿望。

②感知诗歌中的优美意境。

③知道诗歌内容并能轻声地朗读。

（3）材料解读：

①选用有中国特色的折叠纸扇和扇架，增强幼儿的兴趣。

②纸扇上使用了魔术贴，便于幼儿操作。

图 2-99　材料构成

（4）材料构成（见图 2-99）：

① 2 把折叠纸扇，一把纸扇上有完整的诗歌《小小的船》，另一把纸扇上按诗歌的结构附有魔术贴；每一句诗歌的句卡。

②藤筐，中国风布袋。

图 2-100　摆放折叠纸扇

（5）操作步骤：

①从托盘中相继取出 2 把折叠纸扇，并列摆放好折叠纸扇（见图 2-100）。

②拿起有诗歌的扇子,欣赏并朗诵(见图 2-101)。

图 2-101　欣赏并朗诵

③完成欣赏后,把纸扇放在纸扇架上,把另一把纸扇对应放好(见图 2-102)。

图 2-102　打开另一把纸扇

④打开另一把折叠纸扇,参照原诗歌粘贴上诗歌的每一句(见图 2-103)。

图 2-103　逐句粘贴诗句

⑤边粘贴边朗诵(见图 2-104)。

图 2-104　朗诵诗歌

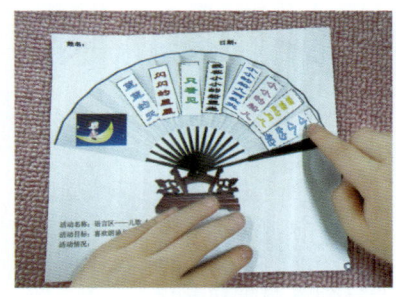

⑥粘贴完成后,把纸扇放在纸扇架上。完成记录单并完整地朗诵一遍(见图2-105)。

图 2-105　欣赏记录单并朗诵

(6)适宜年龄:3—4岁。

(7)错误控制:诗歌每一句的颜色不同,相同的句子颜色一致。

(8)注意事项:教师应注意引导幼儿一边操作一边朗诵。

(9)变化延伸:

①内容可以更换成其他朗朗上口、易懂的诗歌。

②可以把折扇换成其他有中国特色的材料。

③可以把诗歌换成古诗。

(10)活动反思:

①幼儿欣赏有诗歌的折扇,折扇上浅显易懂的诗歌,幼儿易于理解,教师要引导幼儿先欣赏折扇上的图画,再指读折扇上的诗歌。

②在幼儿进行诗歌句子的粘贴时,教师要引导幼儿遵循先把需粘贴诗句对应原诗句再进行粘贴的原则,以免造成诗句的紊乱,降低幼儿对材料的兴趣。

③当幼儿完成所有材料操作后,教师要让幼儿完整、正确地朗诵诗歌。同时,教师要了解每个幼儿在语言领域的发展水平及发展需要,为后续提供材料寻找依据。

案例 2-15

(1)活动名称:竹简绕口令。

(2)活动目标:

①喜欢绕口令,愿意尝试说绕口令。

②初步感知中国传统语言游戏——绕口令的趣味性。

③提高听音、辨音能力。

（3）材料解读：

①所选用的竹简颜色不要太深，最好已做打磨和防虫处理。

②连接竹简的绳子最好是棉麻绳，松紧适宜，便于卷起来。

③独立操作的图字卡与竹简底板上的图字卡颜色一致。

（4）材料构成（见图2-106）：

①绕口令竹简1块，空白竹简1块。

②与"虎""猴"等文字相匹配的图字卡，记录单，剪刀，胶水。

③托盘，小锦盒。

图 2-106　材料构成

（5）操作步骤：

①从托盘中分别取出绕口令竹简和空白竹简，放在地毯上（见图2-107）。

图 2-107　摆放竹简

②打开绕口令竹简，按从左到右的顺序，逐一欣赏并指读（见图2-108）。

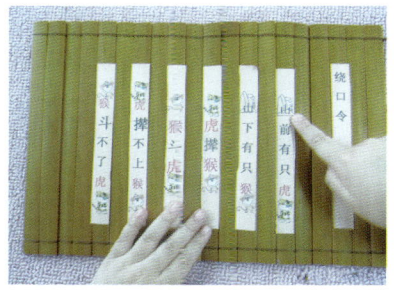

图 2-108　打开竹简并指读

图 2-109　并列摆好另一块竹简

③取出另一块空白竹简,打开后摆放在地毯上(见图 2-109)。

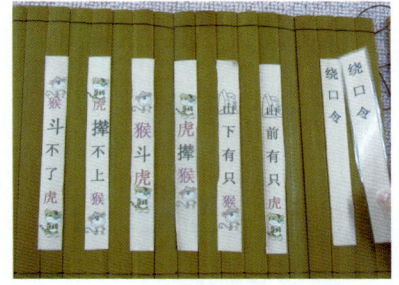

图 2-110　观察并认读图字卡

④从小盒子中取出图字卡,观察后认读(见图 2-110)。

图 2-111　对应摆好绕口令

⑤将取出的图字卡,参照竹简上的绕口令进行匹配(见图 2-111)。

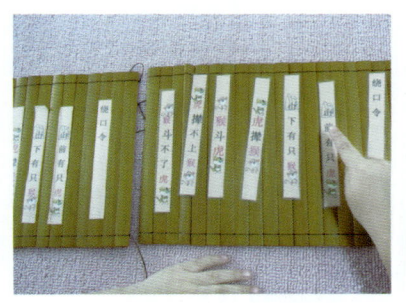

图 2-112　再次指读绕口令

⑥找到对应的位置后,从左到右摆放在空白竹简的上面,并读一读(见图 2-112)。

⑦根据操作得出的结果，完成记录单，再次认读文字（见图2-113）。

图2-113 完成记录单并指读

（6）适宜年龄：3—4岁。

（7）错误控制：独立操作的图字卡与竹简底板上的图字卡颜色一致。

（8）注意事项：

①教师要提醒幼儿先观察绕口令竹简，指读绕口令后，再进行操作。

②教师要提醒幼儿参照绕口令竹简摆放图字卡。

（9）变化延伸：可将内容更改为歇后语、古诗词等。

（10）活动反思：

①幼儿欣赏有绕口令的竹简，竹简上浅显易懂的绕口令，幼儿易于理解，教师要引导幼儿先欣赏竹简上图文相间的绕口令，再指读竹简上的绕口令。

②在进行绕口令句子的匹配时，教师要引导幼儿遵循先把绕口令中的句子对应原句再进行摆放的原则，以免造成绕口令顺序的紊乱，降低幼儿对材料的兴趣。

③当幼儿完成所有材料操作后，教师要让幼儿完整、正确地指读绕口令。同时，教师要了解每个幼儿在语言领域的发展水平及发展需要，为后续提供材料寻找依据。

第二节 中班语言区

中班语言区域材料仍然是从深圳市莲花二村幼儿园 17 年区域探索成果的精华中选取的。为了让区域材料更为中国化与本土化,更好地促进我国幼儿的发展,我们在筛选材料时,为读者选择了一些具有中国文化特色的材料与案例,以便读者更好地理解怎样设计中班材料,怎样传承中华文化,怎样让中班材料承上启下,既使幼儿在小班基础上有进一步的发展,又为大班的区域探索打好基础。

一、中班语言区设计思路

中班幼儿的听说能力、语言表达能力、对诗歌和散文的理解能力,相比小班幼儿有了很大的提高。随着自主性的日渐发展,中班幼儿在语言区活动中有了明显的自我探究意识,甚至有的时候能表现出初步的创造性行为。但是,这一年龄段的幼儿在倾听指令、用完整的语言讲述、与同伴友好合作等方面的意识还没有形成。基于这些原因,教师在设计语言区材料时不仅要考虑如何将中班语言教育的总目标落实到区域材料内容中,还应该思考怎样才能尊重幼儿的年龄特点、发展规律和个体需求。因此,中班的语言区材料应以认识各种词(名词、动词、形容词、人称代词、方位词、关联词等)来丰富幼儿的词汇量,以各种听说游戏(听音找方位,看一看、说一说,词语接龙游戏)来培养幼儿良好的倾听习惯,以欣赏中国童谣、古诗、绕口令的方式来拓展幼儿的视野,等等。这些形式多样、内容广泛的操作材料能够使幼儿的语言能力得到良好的发展。

二、中班语言区活动导航

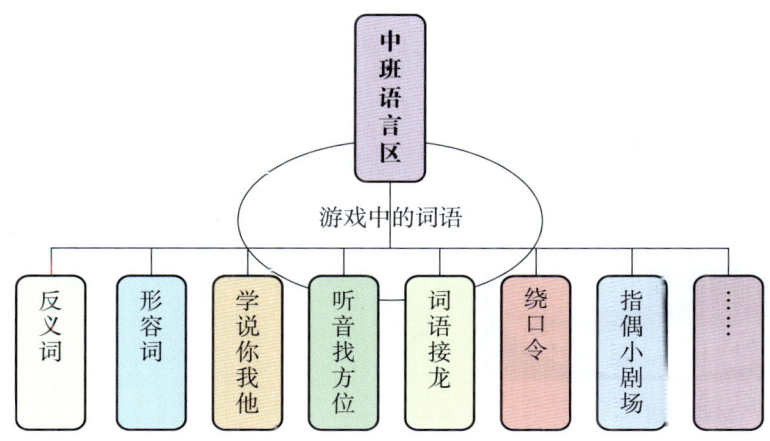

图 2-114　中班语言区导航图

从图 2-114 中可以看出，教师投放的材料以学习各种反义词、形容词、人称代词、方位词等为主。在设计材料的操作形式时，教师针对中班幼儿的社会交往特点，特别增加了合作性游戏，让幼儿既在操作中不断扩大词汇量，又在游戏中丰富与同伴友好交往的经验，从而获得情感、态度、能力、知识等多方面的发展。

三、中班语言区材料案例

案例 2-16

（1）活动名称：画笔装饰文字。

（2）活动目标：

①萌发了解汉字结构的兴趣。

②学习从上到下，从左到右装饰文字的方法。

③增强手部肌肉的灵活性,为前书写做准备。

(3)材料解读:

①纸张上的文字字号略大,笔画相对少一点。

②提供的画笔粗细应有利于幼儿形成正确的握笔姿势。

图 2-115　材料构成

(4)材料构成(见图 2-115):

①空心文字纸张,画笔。

②托盘,布艺袋,纸盒,记录单,垫板。

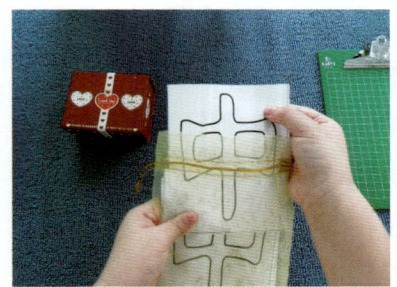

图 2-116　将材料放置在地毯上

(5)操作步骤:

①将材料放置在地毯上(见图 2-116)。

图 2-117　将文字纸张夹在垫板上

②从布艺袋内取出文字纸张,将纸张夹在垫板上(见图 2-117)。

③从笔盒中取出画笔（见图 2-118）。

图 2-118　取出画笔

④用画笔按从上到下，从左到右的顺序装饰涂写文字（见图 2-119）。

图 2-119　涂写文字

⑤检查装饰的图案是否都在文字的空心处（见图 2-120）。

图 2-120　自我检查

⑥从夹子上取下记录单（见图 2-121）。

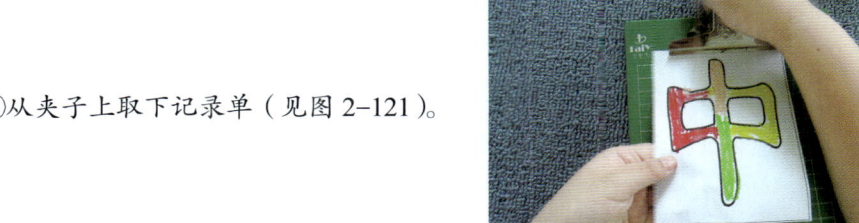

图 2-121　取出记录单

⑦点读并欣赏记录单（见图2-122）。

图2-122 再次点读

（6）适宜年龄：4—5岁。

（7）错误控制：装饰的图案只能在纸张上的文字空心处。

（8）注意事项：

①教师指导时一定要提醒幼儿注意正确的握笔姿势。

②教师要随时引导幼儿保持正确的坐姿，让他们注意保持眼睛和纸张之间的距离。

（9）变化延伸：

①提供的文字可以由简单到复杂。

②随着幼儿能力的发展，教师为幼儿提供的画笔依次为油画棒、粗彩色铅笔、细彩色铅笔、签字笔。

③装饰的形式可以多样，如涂色、点线装饰、自由创意等。

（10）活动反思：

①当幼儿用画笔装饰文字时，教师要提醒他们注意按照从上到下、从左到右的顺序进行装饰，以更好地感知文字的结构。

②教师为幼儿提供的画笔应长短适宜，便于幼儿抓握。

③在幼儿操作的过程中，教师应该随时提醒幼儿保持正确的坐姿，注意保持眼睛和纸张之间的距离，养成良好的书写习惯。

案例 2-17

（1）活动名称：即时贴装饰文字。

（2）活动目标：

①萌发了解汉字的愿望。

②初步了解文字的外形特点。

③养成从上到下、从左到右按顺序做事的良好习惯。

（3）材料解读：

①纸张上的文字字号略大，笔画相对简洁。

②提供的纸碎最好有一个尖角，便于幼儿撕开。

（4）材料构成（见图 2-123 和图 2-124）：

①空心文字纸张，彩色即时贴纸碎。

②托盘，布艺袋，小盒。

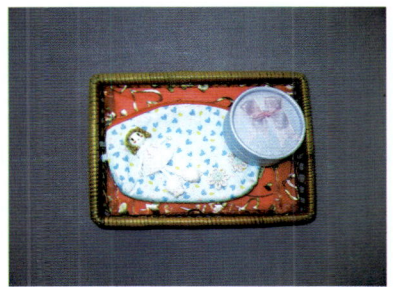

图 2-123　材料构成 1

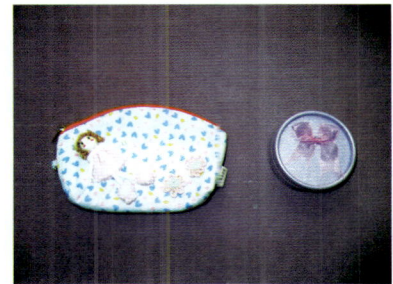

图 2-124　材料构成 2

（5）操作步骤：

①从布艺袋内取出空心文字纸张，放在地毯上（见图 2-125）。

图 2-125　取出空心文字纸张

图 2-126　取出即时贴纸碎

②从小盒中取出即时贴纸碎（见图 2-126）。

图 2-127　按笔顺粘贴

③按从上到下、从左到右的顺序装饰文字（见图 2-127）。

图 2-128　把字卡粘贴在卡纸上

④把装饰好的字卡粘贴在卡纸上（见图 2-128）。

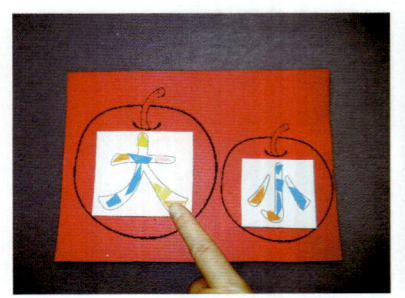

图 2-129　欣赏作品

⑤操作结束后，欣赏作品（见图 2-129）。

（6）适宜年龄：4—5岁。

（7）错误控制：即时贴的纸碎只能贴在纸张上的文字空心处。

（8）注意事项：

①幼儿能力的发展相对弱时，可由教师帮助撕开即时贴碎片的一个边角。

②即时贴碎片由美工区的边角材料制作而成，可让幼儿在美工区把边角材料剪成小碎片。

③当幼儿的精细动作发展到一定程度后，再提供此材料，以免他们在撕开贴纸时消耗过多的时间。

（9）变化延伸：

①提供的文字可以由简单到复杂。

②提供的即时贴碎片可由大到小。

（10）活动反思：

①纸张上的文字字号要略大一些，笔画相对简单。提供的即时贴碎片可以由大到小。

②当幼儿的精细动作发展到一定程度后，再提供这份材料。若区域材料给幼儿造成了操作上的困难，会降低幼儿对材料的兴趣。

③当幼儿完成所有材料操作后，教师一定要让幼儿完整、正确地认读卡纸上相应的汉字，让幼儿进一步了解汉字的意义。同时，教师要了解每个幼儿认识汉字的水平及发展需要，为后续提供材料寻找依据。

案例 2-18

（1）活动名称：钓鱼。

（2）活动目标：

①享受游戏中学习的乐趣。

②认识跟"鱼"有关的词组，学习组词。

③提高小肌肉的控制能力。

（3）材料解读：

①有磁铁的钓鱼竿，能与"鱼"组词的小鱼字卡后有磁铁，不能与"鱼"组词的小鱼字卡后无磁铁。

②小鱼缸的空白处大小要能放下有图的小鱼字卡。

③钓鱼竿及鱼线的长短要适合幼儿。

（4）材料构成（见图 2-130 和图 2-131）：

①有磁铁的钓鱼竿，大鱼缸的底板，有"鱼"字的小鱼缸，小鱼字卡，剪刀，胶水，记录单。

②托盘，装字卡的盒子。

图 2-130　材料构成 1

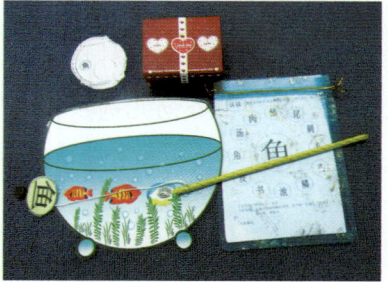

图 2-131　材料构成 2

（5）操作步骤：

① 取出大鱼缸的底板，然后将小鱼字卡取出并摆放在鱼缸底板的旁边（见图2-132）。

图 2-132　取出小鱼字卡

② 将小鱼字卡摆进鱼缸中（见图2-133）。

图 2-133　把小鱼字卡摆进鱼缸中

③ 将小鱼缸的卡片整齐地摆放在鱼缸底板的旁边。用钓鱼竿在大鱼缸里钓起带有磁性的小鱼字卡（见图2-134）。

图 2-134　钓出小鱼

④ 将钓起的字卡放在小鱼缸上，组成一个新的词语（如"鱼池"）并认读词语（见图2-135）。

图 2-135　认读组成的词语

图 2-136　组词连线

⑤操作完成后,说一说小鱼缸上的一个个新词,如"鱼尾""鱼皮",并在记录单上组词连线(见图2-136)。

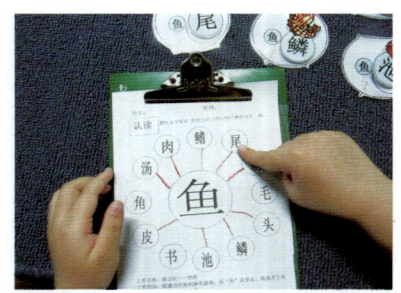

图 2-137　指读欣赏

⑥对照操作材料完成记录单,并指读欣赏(见图2-137)。

(6)适宜年龄:4—5岁。

(7)错误控制:鱼缸中能钓起来的字是能跟"鱼"组词的,钓不上来的字则不能组词。

(8)注意事项:

①教师要提醒幼儿,在钓鱼的过程中使用钓鱼竿要有耐心。

②钓上鱼后,幼儿要将字卡上的字摆放在小鱼缸上"鱼"字的后面,以便组词。

(9)变化延伸:可把单个的跟"鱼"有关的词组替换成跟"鱼"有关的成语。

(10)活动反思:

①此活动以游戏的形式,帮助幼儿认识跟"鱼"有关的词语,学习组词的基本方法,幼儿在操作过程中充分感受到了在游戏中学习的乐趣。

②在幼儿操作的过程中,教师要提醒幼儿将钓到的小鱼字卡及时对应摆

放到相应的鱼缸里面，以免造成字卡混淆。

③当幼儿将"鱼"全部钓完后，教师要鼓励幼儿大胆地尝试完成记录单上的连线任务，并大声读出与"鱼"有关的词语，在此过程中及时评估幼儿的发展水平，为后续提供材料寻找依据。

案例2-19

（1）活动名称：反义词。

（2）活动目标：

①乐意探索、观察、比较两个事物之间的不同。

②初步认识反义词，体会反义词中的相反和相对。

③尝试在生活中运用反义词。

（3）材料解读：

①选择的图字卡大小、高矮一定要明显，以便幼儿辨认和区别。

②提供的反义词相对简单，与幼儿的生活经验相关，使幼儿易辨好记。

（4）材料构成（见图2-138和图2-139）：

①木质反义词图字卡1套，记录单，剪刀，胶水。

②大托盘，小篮子，通花小笔筒。

图2-138 材料构成1

图2-139 材料构成2

图2-140 认读图字卡

（5）操作步骤：

①将反义词图字卡、小盒子分别取出摆放到地毯上，认读图字卡（见图2-140）。

图2-141 对应摆放图字卡

②观察图字卡，说说它们的不同，对应摆放图字卡——找朋友（见图2-141）。

图2-142 完整认读

③把图字卡对应摆放完毕后完整地认读一遍（见图2-142）。

图2-143 找到对应的记录单

④对照图字卡的参照板找到对应的记录单（见图2-143）。

⑤剪贴完成记录单（见图2-144）。

图 2-144　剪贴完成记录单

⑥检查记录单，并说一说带有相反词的短句（见图2-145）。

图 2-145　检查并说一说

（6）适宜年龄：4—5岁。

（7）错误控制：对应的相反词图字卡刚好能拼接成一个整体，不对应的则不能。

（8）注意事项：

①教师要引导幼儿先观察画面，比较两个画面不一样的地方，说一说后再操作图字卡。

②在幼儿操作时，教师要提醒幼儿完成一组相反词后，再操作下一组。

（9）变化延伸：可拓展到其他的反义词。

（10）活动反思：

①在幼儿操作材料时，教师要提醒幼儿先找到有关联的两张图字卡，再观察并比较两张图字卡，最后说一说两者之间的不同，感知和体会反义词中的相反和相对。

②教师应该提醒幼儿有序地摆放图字卡，将有关联的一组图字卡并排放

在一起，从上到下排列并操作，这样幼儿就更容易辨别出两者的不同并正确地说出反义词。

③当幼儿完成所有材料操作后，教师要引导幼儿对着记录单说说上面的反义词。随着幼儿能力的增强，活动材料中反义词的数量和难度可以逐渐增加。

案例 2-20

（1）活动名称：形容词。

（2）活动目标：

①愿意在生活化的情境中操作。

②认识形容词，尝试运用形容词。

③提高语言表达能力。

（3）材料解读：

①提供生活化的场景以吸引幼儿。

②与幼儿的生活环境息息相关，便于幼儿自发地说出相应的词语。

（4）材料构成（见图 2-146）：

①与生活相关的景观模型，与景观相关联的形容词字卡，字卡可以插在景观中的栅栏上。

②藤筐，锦袋。

图 2-146　材料构成

（5）操作步骤：

①将景观模型取出，放在地毯上（见图 2-147）。

图 2-147　摆好景观模型

②欣赏景观，并指一指景观中的场景（见图2-148）。

图2-148　欣赏景观

③从锦袋中取出与景观相关的形容词字卡，散放在地毯上（见图2-149）。

图2-149　取出形容词字卡

④取一张形容词字卡，对应插在景观中的栅栏上，如"可爱的……"（见图2-150）。

图2-150　插放形容词字卡

⑤插好后，手指文字说出"可爱的小鸭子"（见图2-151）。

图2-151　说一说形容词

图 2-152　完整地读一读

⑥把所有的形容词字卡插好后，依次指着文字，读一读（见图 2-152）。

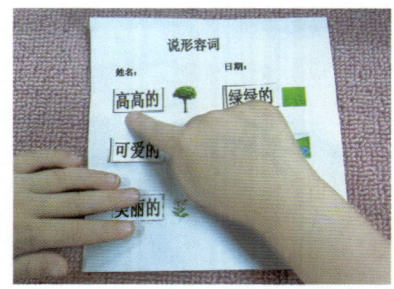

图 2-153　指读记录单上的形容词

⑦根据自己的操作，完成记录单，再次指读记录单上的形容词（见图 2-153）。

（6）适宜年龄：4—5 岁。

（7）错误控制：形容词字卡上的图片与景观中的实物一致。

（8）注意事项：

①教师要引导幼儿先观察，找到材料之间的相同点，再进行操作。

②在幼儿操作完成后，教师要引导幼儿养成指读的习惯。

（9）变化延伸：

①形容词可以拓展。

②可增加景观模型中的场景。

③内容可替换成有形容词的诗歌。

（10）活动反思：

①模拟景观非常漂亮，幼儿很喜欢。欣赏景观时，教师要允许幼儿以自己的认知水平，用自己认识的词语来描述景观中的景色。

②在幼儿操作时，教师要引导幼儿遵循先观察再描述的规律。听一听

幼儿的描述,对幼儿运用不恰当的词语,教师要给予纠正。

③当幼儿完成所有材料操作后,教师要让幼儿完整、正确地指读形容词,进一步认识到形容词可以增加文字的美感,增强画面感。同时,教师要了解每个幼儿在语言领域的发展水平及发展需要,为后续提供材料寻找依据。

案例 2-21

(1) 活动名称:词语接龙。

(2) 活动目标:

①体验在游戏中运用语言的快乐。

②尝试进行词语接龙。

③提高自我检查的能力。

(3) 材料解读:

①词与词之间相同的字颜色相同,可引导幼儿正确操作。

②材料背面的数字有助于幼儿检查操作是否正确。

(4) 材料构成(见图 2-154 和图 2-155):

①图字卡,记录单,胶水,剪刀。

②大托盘,装卡片的纸盒。

图 2-154　材料构成 1

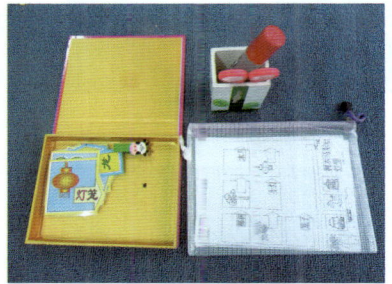

图 2-155　材料构成 2

图 2-156　读一读

（5）操作步骤：

①取出图字卡，读一读后放在地毯上（见图 2-156）。

图 2-157　尝试进行词语接龙

②摆好图字卡后，仔细观察图字卡上的图与字并尝试进行词语接龙，如：椰树—树木—木马（见图 2-157）。

图 2-158　找出接龙规律

③接龙游戏完成后，查看前后词之间相邻的字是否相同，再检查图字卡背面的数字是否排列有序（见图 2-158）。

图 2-159　指读词语

④有序地指读图字卡上的词语（见图 2-159）。

⑤对照操作材料，剪贴完成记录单（见图2-160）。

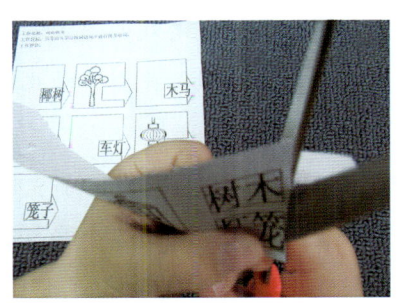

图2-160 剪贴完成记录单

⑥检查并欣赏记录单，再读一读词语（见图2-161）。

图2-161 检查欣赏

（6）适宜年龄：4—5岁。

（7）错误控制：

①图字卡背面有数字序号。

②接龙中前面词语的第二个字与后面接的词语的第一个字是一模一样的，其颜色也是相同的。

（8）注意事项：

①在幼儿的操作过程中，教师要提醒幼儿注意词语接龙时，前一个词语的第二个字与后一个词语的第一个字是否相同。

②在幼儿操作完成后，教师要引导幼儿检查各图字卡背面的数字是否排列有序。

（9）变化延伸：

①词语接龙可以拓展为成语接龙。

②"词语接龙"的图字卡的造型可以更换成汽车、火车头、轮船等造型。

（10）活动反思：

①通过接龙游戏的形式学习词语,幼儿对这种活动非常喜欢。在幼儿的操作活动中,教师先引导幼儿观察图字卡,正确说出图字卡上的词语,再进行接龙游戏。

②在幼儿操作接龙图字卡时,教师要及时提醒幼儿观察图字卡上的文字,确保前一个词语的第二个字与后一个词语的第一个字相同后,再进行下一轮的接龙,培养幼儿做事认真仔细、自我检查的良好习惯。

③开始时接龙的词语应避免过多,当幼儿的能力有了一定的提高后,可适当增加材料的难度,以有效促进其学习能力的进一步提升。

案例 2-22

(1)活动名称:学说你我他。

(2)活动目标:

①体验合作表演的乐趣。

②尝试用人称代词"你""我""他"说短句。

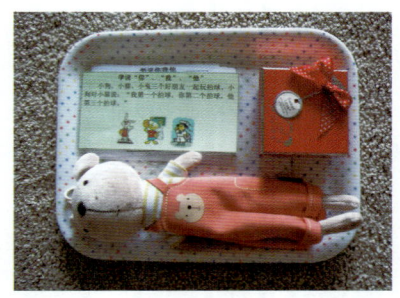

图 2-162　材料构成

图 2-163　说一说故事

③提高在活动中的合作能力。

(3)材料解读:

①指偶的大小要与幼儿手指的粗细相匹配。

②记录单上的文字与图片有相同的标记,图片可折叠后立体呈现。

(4)材料构成(见图 2-162):

①故事卡 1 张,角色指偶 1 套,记录单,剪刀,胶水。

②大托盘,小袋子。

(5)操作步骤:

①取出故事卡,指读故事标题,并说一说故事(见图 2-163)。

②将3个指偶从小盒中取出，放在地毯上，逐一指认小猫、小兔、小狗（见图2-164）。

图 2-164　取出指偶并指认

③幼儿商讨角色分配，套上相应的指偶，正确地运用人称代词进行故事表演（见图2-165）。

图 2-165　分配角色

④操作结束后，完成记录单，再次用"你""我""他"说短句（见图2-166）。

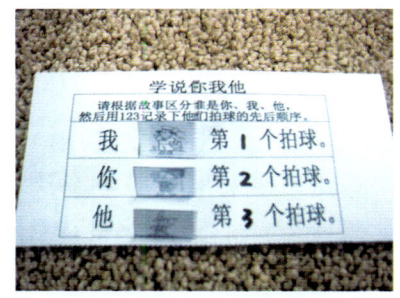

图 2-166　完成记录单并说短句

（6）适宜年龄：4—5岁。

（7）错误控制：指偶背面的文字与故事的内容是对应的。

（8）注意事项：

①教师要引导幼儿协商完成角色分配，各人扮演的角色都以第一人称的形式讲述一遍故事。

②在幼儿讲述时，教师要观察幼儿对人称的运用是否正确。

（9）变化延伸：将人称代词扩展到"我们""你们""他们"。

（10）活动反思：

①以合作表演的形式学说第一人称的代词，对中班幼儿来说非常适宜，他们能够较好地达到活动目标。

②当幼儿熟悉故事的情节后，教师鼓励幼儿分角色表演或者交换角色表演，这样更有利于人称代词的运用与互换。

③教师要鼓励幼儿独立地完成活动记录单。在提供后续材料时，教师可逐步增加人称代词的名称与难度，提供更多的活动材料帮助幼儿运用语言、理解词语。

案例 2-23

（1）活动名称：《西游记》人物小书。

（2）活动目标：

①产生对《西游记》中人物的兴趣。

②知道《西游记》中的主要角色。

③提高欣赏故事的能力。

（3）材料解读：

①制作《西游记》人物小书，激发幼儿的兴趣。

②陶泥制作的《西游记》人物形象各异，易于辨认。

（4）材料构成（见图 2-167）：

①一本有中国古代书籍特色的《西游记》人物小书，5个陶泥制作的《西游记》人物（唐僧、孙悟空、猪八戒、沙和尚和白龙马），相对应的《西游记》人物字卡。

②藤盘，竹编小筐，有中国特色的爱心收纳盒。

图 2-167 材料构成

（5）操作步骤：

①从藤盘中相继取出《西游记》人物小书、陶制人物和爱心收纳盒（见图2-168）。

图 2-168　把材料摆放在地毯上

②拿起《西游记》人物小书，逐页翻看并说出人物名称（见图2-169）。

图 2-169　翻看《西游记》小书

③再次从头翻看小书，看图摆放陶制人物（见图2-170）。

图 2-170　摆放陶制人物

④手指陶制人物，并说出人物名称（见图2-171）。

图 2-171　说出人物名称

图 2-172　对应摆放人物字卡

⑤取出《西游记》人物字卡。

⑥翻看《西游记》人物小书，对应陶制人物摆放人物字卡（见图 2-172）。

图 2-173　摆好后说出人物名称

⑦把人物字卡摆放好后说出人物名称（见图 2-173）。

图 2-174　说说记录单中的人物名称

⑧完成记录单后，再次说说《西游记》中的人物名称（见图 2-174）。

（6）适宜年龄：4—5 岁。

（7）错误控制：《西游记》人物小书中的人物图片与陶制人物一致。《西游记》人物字卡背后的图片与小书中的人物图片一致。

（8）注意事项：教师要注意引导幼儿一边操作一边说出人物名称。

（9）变化延伸：

①内容可以更换成其他经典故事中的人物。

②材料可以设计成图片。

③可以设计可剪贴的记录单。

（10）活动反思：

①幼儿翻看小书，对《西游记》中的主要人物故事有一定的认识，能够根据自己的认知水平说出人物名称。教师切勿干预幼儿，而应观察幼儿的行为，倾听幼儿的讲述。

②在幼儿的操作过程中，教师要引导幼儿遵循先观察再对应摆放的原则；让他们根据自己的理解程度准确地摆放材料；引导幼儿指读人物名称，使幼儿能正确地说出故事中的主要人物。

③当幼儿完成所有材料操作后，教师要让幼儿完整地说出《西游记》中的主要人物，正确地指读图片上的人物名称。同时，教师要了解每个幼儿在语言领域的发展水平及发展需要，为后续提供材料寻找依据。

案例2-24

（1）活动名称：听音找方位。

（2）活动目标：

①享受在情境中倾听的乐趣。

②初步了解方位词。

③能听指令找到正确的位置。

（3）材料解读：

①提供的操作模型逼真、好看，能吸引幼儿。

②录音笔的音量适中，耳机大小适合幼儿。

③用于操作的实物模型与实物背景有相同的颜色点，可引导幼儿正确操作和检查。

（4）材料构成（见图2-175和图2-176）：

①花园模型，小树，长椅子，小木马，花盆，录音笔，耳机，方位词卡。

②大托盘，杂物袋，耳机袋，文字盒。

图 2-175　材料构成 1

图 2-176　材料构成 2

图 2-177　取出并摆放小树

（5）操作步骤：

①逐一从杂物袋里取出小树、小木马、长椅子、花盆，摆放在花园模型的左边（见图 2-177）。

图 2-178　听指令摆放相应物品

②戴上耳机，打开录音笔，按照录音提示进行操作，如听到"请把椅子放在房子的右边"的指令后，找出椅子并摆放在房子的右边（见图 2-178）。

③继续听录音中的指令,依次找出物品并摆放在相应的方位(见图2-179)。

图2-179 按指令找方位

④重新播放录音,再次倾听并检查(见图2-180)。

图2-180 倾听并检查

(6)适宜年龄:4—5岁。

(7)错误控制:"前""后""左""右"的文字及实物上的颜色点与花园模型上的颜色点相同。

(8)注意事项:

①教师要给幼儿提供一个适宜倾听的环境。

②教师要引导幼儿听完一个指令并摆放好相关的实物后,再听下一个指令。

(9)变化延伸:

①可以把小树、小木马等替换成其他实物(如小鸟、蝴蝶、小狗等)。

②增加"上面""下面""里面""外面"等方位词。

(10)活动反思:

①幼儿边听录音笔指令边进行操作性学习,在操作中能够充分感受到在情境中学习的乐趣。幼儿很喜欢操作材料。

②在幼儿操作的过程中，教师应该提醒幼儿注意观察文字、实物及花园模型三者之间的关系。幼儿摆放完成后，应该依据三者的颜色标记进行自我检查及修正。

③教师要引导幼儿听完一个指令并摆放相关的实物后，再听下一个指令，培养幼儿的耐心和坚持性。

案例 2-25

（1）活动名称：组成一句话。

（2）活动目标：

①萌发用文字组成句子的兴趣。

②能说一句简单的话。

③能够根据图片提示与相应的句子配对。

（3）材料解读：

①图卡与相关的字卡之间有一个相同颜色的标记。

②每一句话的字卡背面有带序号的数字标记。

③记录单上同一个句子中相关的字词有相同的边框标记。

（4）材料构成（见图 2-181）：

①图卡，字卡，记录单，剪刀，胶水，垫板。

②托盘，布艺袋，小盒子。

（5）操作步骤：

①将图卡、字卡、记录单、小盒子、垫板从托盘中取出。将图卡和字卡分开摆放后，进行观察（见图 2-182）。

图 2-181　材料构成

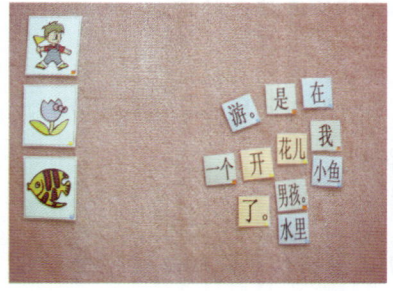

图 2-182　将图卡和字卡分开摆放

②认读字卡,将字卡按顺序组成一句话,并放在相应的图卡后,查看标记,待完全正确后,指读完整的一句话,如"我""是""一个""男孩"。依次完成所有文字造句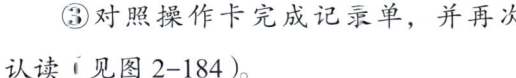(见图2-183)。

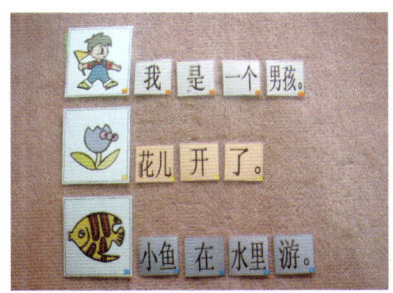

图2-183　组成一句话

③对照操作卡完成记录单,并再次认读(见图2-184)。

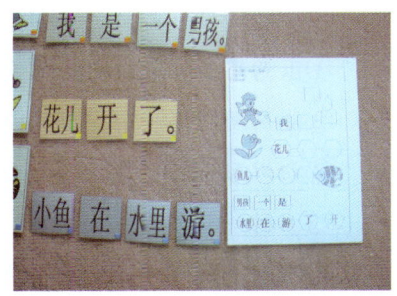

图2-184　完成记录单

(5)适宜年龄:4—5岁。

(7)错误控制:图卡与字卡上的颜色标记及字卡背面的数字标记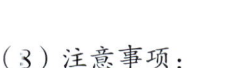(见图2-185)。

图2-185　材料中的错误控制

(3)注意事项:

①在幼儿操作时,教师要引导幼儿按照"认读—操作—检查"的顺序进行。

②在幼儿完成记录单时,教师要提醒幼儿注意边框的不同。

(9)变化延伸:

①操作材料可由一句话扩展到几句话。

②句子的结构由简单到复杂。

(10)活动反思:

①在活动中，有的幼儿检查文字顺序的标志时不够细心，导致组成的句子错误。在今后的活动中，教师应重点引导幼儿订正错误。

②图卡可以逐渐增加到4～6张，以满足不同层次幼儿的需要。

③图卡和字卡的内容，可以结合主题活动或节庆活动进行调整。

案例 2-26

（1）活动名称：小动物在干什么。

（2）活动目标：

①乐意用语言表达自己的看法。

②能用动词说一句完整的话。

③初步形成观察事物的能力。

（3）材料解读：

①小动物的图卡固定在底板上，两块拼板之间的凹凸、大小、方位是相匹配的，便于幼儿检查。

图 2-186　材料构成

②为幼儿提供的一句话卡片上有图片和文字。

③记录单上有图标提示。

（4）材料构成（见图2-186）：

①"小动物……"标题卡，带图标的句子卡片4张，有动物图案的操作底板1套，与底板匹配的图案操作卡1套，记录单，剪刀，胶水。

②大托盘、小筐、小碗、布艺袋各1个。

（5）操作步骤：

①先取出标题卡摆放在地毯上，再取出有动物图案的操作底板有序地摆放在标题卡下方（见图2-187）。

图 2-187　摆放标题卡和操作底板

②取出与操作底板相匹配的图案操作卡,然后观察画面,找到相对应的图片进行拼接,使之变成一个完整的长方形(见图2-188)。

图 2-188　匹配图案操作卡

③取出带图标的句卡,按照句卡中的图像提示依次摆放在对应的操作底板上(见图2-189)。

图 2-189　匹配句卡

④看图片指读句卡(见图2-190)。

图 2-190　指读句卡

⑤完成记录单,并看图学说一句话(见图2-191)。

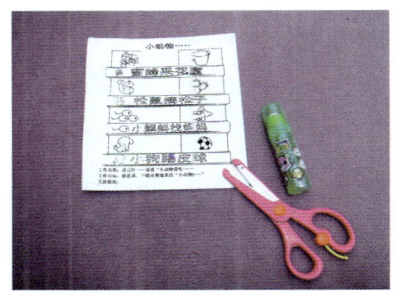

图 2-191　完成记录单并看图说话

（6）适宜年龄：4—5岁。

（7）错误控制：

①图卡与句卡上的动物图标一致。

②拼接好的图形是一个完整的长方形。

（8）注意事项：

①在幼儿操作时，教师要引导幼儿注意找相关联的事物进行拼接，如把花和蜜蜂放在一起。

②教师要提醒幼儿在操作完成后学说一句完整的话。

（9）变化延伸：句子的结构由简单到复杂，可增加时间、地点等。

（10）活动反思：

①幼儿操作材料有序，但"能用动词说一句完整的话"这一目标是否完全达到，需要教师适时地观察了解。教师要给予幼儿适当的鼓励。

②可以把相关联的图卡增加到5~6组。

③在活动小结或展示时，可邀请幼儿完整地讲述。

案例 2-27

（1）活动名称：看一看，说一说。

（2）活动目标：

①愿意用较完整的语言表达图片的意思。

②能说完整的简单句。

③提高自我检查的能力。

图 2-192　材料构成

（3）材料解读：

①相对应的卡通动物图卡、带图的简单句卡和词卡背面的右下角有相同颜色、相同图案的标记，便于幼儿检查操作是否正确。

②卡通动物图卡和句卡上的图片要清晰易辨，并贴近幼儿的生活。

（4）材料构成（见图 2-192）：

①卡通动物图卡、带图的简单句卡、词卡各1套,剪刀,胶水,记录单。

②托盘,小盒。

(5)操作步骤:

①从托盘中取出动物图卡进行观察(见图2-193),用完整的一句话说出图卡内容,如"小羊在打电话"。

图2-193　取出动物图卡

②从小盒中逐一拿出句卡,摆放到相应的动物图卡下方,并认读句卡(见图2-194)。

图2-194　摆放句卡并认读

③取出词卡放在地毯上,认读词语,并将其放在对应的句卡图片上(见图2-195)。

图2-195　取出词卡

④将图卡、句卡和词卡全部操作完成(见图2-196)后翻到背面,检查相对应的图卡、句卡和词卡背面的颜色标记是否一样。

图2-196　组成完整的句子

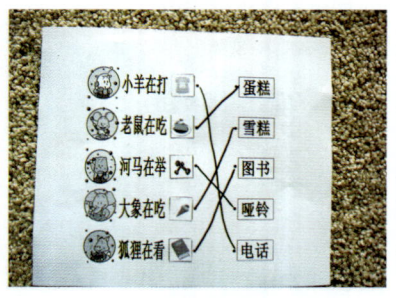

图 2-197　连线完成记录单

⑤根据操作完成记录单（见图 2-197），并再次读一读完整的句子。

（6）适宜年龄：4—5 岁。

（7）错误控制：对应的操作卡背面有相同的图形标记。

（8）注意事项：

①在幼儿操作时，教师要引导幼儿根据句卡上的图标说出实物名称。图文匹配后，尝试认一认与图匹配的文字。

②教师要引导幼儿养成在操作完成后检查的好习惯。

（9）变化延伸：

①将小动物的名称和动词替换成关于活动的词卡。

②增加图卡内容和句子长度，如"小羊在家里打电话"。

（10）活动反思：

①大多数幼儿操作有序，个别幼儿的自我检查意识和能力还需要培养。比如，幼儿可以将连线的记录单与彩色的图片进行比较，发现不一致后马上改正。

②幼儿操作的机会多，但说的机会少。教师可以让幼儿拿着记录单在集体小结时清楚完整地说话。

③教师应注意培养幼儿掌握正确的握笔姿势、使用剪刀的正确方法等。

案例 2-28

（1）活动名称：《拔萝卜》小书。

（2）活动目标：

①产生团结互助的情感。

②理解故事内容。

③尝试模仿故事中的人物对话。

（3）材料解读：

①故事书的外形与故事内容相匹配。

②故事中的人物图卡按出场顺序从大到小，可引导幼儿正确操作。

③记录单上画有一条横线，便于幼儿在同一水平线上粘贴。

（4）材料构成（见图2-198）：

①《拔萝卜》故事卡1套，故事人物图卡1套，剪刀，胶水，记录单。

②托盘，布艺袋，小盒子。

（5）操作步骤：

①取出《拔萝卜》小书，然后指读书名（见图2-199）。

②打开故事小书，欣赏故事，熟悉故事内容（见图2-200）。

③取出人物图卡，说一说故事中的人物名称（见图2-201）。

图2-198　材料构成

图2-199　指读书名

图2-200　打开故事小书

图2-201　取出人物图卡

图 2-202　摆放人物图卡

④讲述故事，按故事情节摆放人物图卡（见图 2-202）。

图 2-203　完成记录单

⑤对照人物图卡，完整地讲述故事。
⑥完成记录单（见图 2-203）。

（6）适宜年龄：4—5 岁。

（7）错误控制：人物图卡从大到小即为正确的出场先后顺序。

（8）注意事项：

①在幼儿操作时，教师要引导幼儿按照故事人物出场顺序排列人物图卡。

②在幼儿操作记录单时，教师要提醒幼儿留意横线的作用。

（9）变化延伸：

①可制作系列童话故事操作材料。

②可拓展为分角色表演游戏。

（10）活动反思：

①对这个经典的传统故事，幼儿很感兴趣，活动效果很好。教师还可以把萝卜做得更大，使其更有立体感。小书里的文字较小，增加了幼儿的阅读困难。

②幼儿在出示人物图卡讲述故事的过程中，比较投入。教师可以邀请其他小朋友来听故事，以增强幼儿之间的互动。

③教师可针对幼儿的兴趣设计和制作更多的民间故事小书。

案例 2-29

（1）活动名称：指偶小剧场。

（2）活动目标：

①产生与同伴合作的情感。

②能用完整的语言讲述故事。

③提高创编故事的能力。

（3）材料解读：

①舞台拼装容易成形，指偶大小要适合幼儿手指的粗细。

②指偶角色尽可能多样，以满足幼儿的创编需要。

（4）材料构成（见图 2-204）：

图 2-204　材料构成

①小指偶若干，小舞台1个，录像机1台。

②装指偶的网袋。

（5）操作步骤：

①参与活动的幼儿商讨需要表演的故事内容，分配角色。

②幼儿合作将舞台拼装好后放在桌子上（见图 2-205）。

图 2-205　拼装舞台

③取出指偶，按商量好的角色套上相应的指偶（见图 2-206）。

图 2-206　取出指偶

④分角色讲述故事，按故事情节表演（见图2-207）。

图2-207　按故事情节表演

⑤邀请同伴观看表演，并录像记录（见图2-208）。

图2-208　邀请同伴观看表演

（6）适宜年龄：4—5岁。

（7）错误控制：观看录像并反思。

（8）注意事项：

①教师要考虑舞台的大小，建议每次只邀请2个幼儿合作表演。

②教师要引导幼儿活动时按"协商—分工—合作—表演"的顺序进行。

③录像机由教师操作。

（9）变化延伸：

①可以进行木偶剧表演。

②可以进行新闻播报或天气预报。

（10）活动反思：

①幼儿之间的配合需要教师去引导和协调，在活动中，幼儿需要与观众互动并得到观众的鼓励。下阶段，教师要重点培养幼儿与同伴合作的能力。

②在活动中，幼儿对熟悉的故事敢于大胆表演，也能尝试续编故事。教师还可以提供一些轻柔的音乐作为表演背景。

③在活动开展之初，幼儿以个别表演居多，慢慢有了合作。教师可以提供几本经典故事书让幼儿参考，帮助幼儿熟悉故事情节和不同角色的配合。

案例 2-30

（1）活动名称：绕口令。

（2）活动目标：

①产生对绕口令的兴趣。

②初步了解绕口令的特点。

③初步形成口齿清晰的表达能力。

（3）材料解读：

①选择的录音笔，在操作方式上一定要简单方便。

②绕口令的录音速度应该准备慢速和快速两种。

③绕口令的小书在图画选择上一定要便于幼儿理解内容。

（4）材料构成（见图 2-209）：

①《板凳绑扁担》小书，录有绕口令《板凳绑扁担》的 MP3，录音笔。

②托盘，小桶。

图 2-209　材料构成

（5）操作步骤：

①从托盘中取出小书放在桌上，戴上 MP3 耳机。

②听慢速录音的绕口令，然后根据录音提示翻动《板凳绑扁担》小书（见图 2-210）。

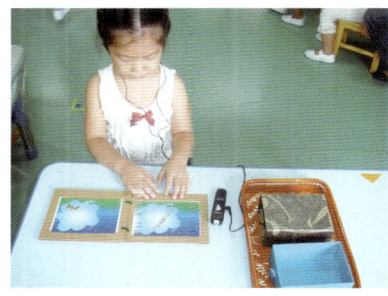

图 2-210　慢听并翻书

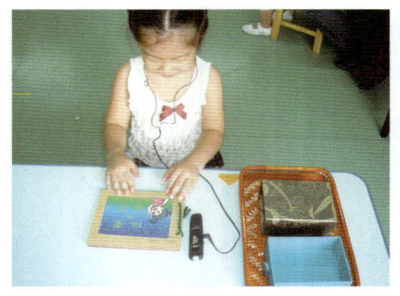

③再次倾听慢速录音的绕口令,指读相应的句子(见图2-211)。

图2-211 再听一次后指读句子

④听快速录音的绕口令,并尝试跟着录音说说绕口令(见图2-212)。

图2-212 跟着录音说说绕口令

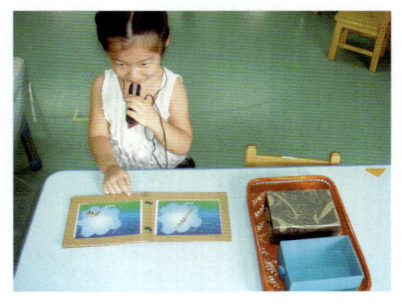

⑤用录音笔记录自己的声音后,播放录音进行欣赏(见图2-213)。

图2-213 播放录音

(6)适宜年龄:4—5岁。

(7)错误控制:录音笔中有页码提示。

(8)注意事项:

①在活动前,教师要让幼儿学会使用录音笔。

②在幼儿的操作过程中,教师要注意正确引导幼儿用适当的语速学说绕口令。

③教师要提醒幼儿认真倾听,培养良好的倾听习惯。

(9)变化延伸:制作其他绕口令活动材料,由易到难。

（10）活动反思：

①绕口令是一个难点，活动结束时，让幼儿在老师和小伙伴面前展示，可起到纠错和巩固的作用，同时也可增强幼儿的自信。

②个别幼儿不太会使用耳机，教师要注意提醒幼儿，不要把耳机的音量调得太大。

③幼儿在指读时能做到听、说一致，表现得很专注。

案例 2-31

（1）活动名称：古诗《静夜思》。

（2）活动目标：

①产生学习古诗词的愿望。

②初步了解五言古诗的特点。

③初步提高认读能力。

（3）材料解读：

①句卡和字卡的材料要厚一点，体现立体感。

②操作材料的设计要尽可能中国化，体现古典风格。

③古诗的文字字号要稍大，文字与背景板的颜色反差明显。

（4）材料构成（见图 2-214）：

图 2-214　材料构成

①3块仿真卷轴板（完整板、句子底板、文字底板），句卡，字卡，剪刀，胶水，记录单。

②托盘，装句卡的盒子，装字卡的小碟子。

（5）操作步骤：

①将3块底板按照完整板、句子底板、文字底板的顺序排列（见图 2-215）。

图 2-215　取出3块底板并摆好

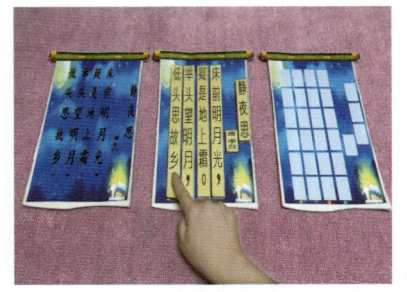

②对照完整板,从盒子中取出句卡按照从右到左的顺序摆放在句子底板上(见图2-216)。

图 2-216　取出句卡并摆好

③从小碟子中取出字卡,按颜色对应摆放在文字底板上(见图2-217)。

图 2-217　取出字卡并摆好

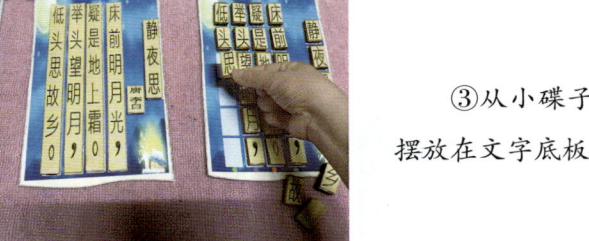

④对照完整板检查句卡和字卡的摆放是否正确。

⑤根据古诗竖式排列的特点,按照从右到左、从上到下的顺序读一读古诗(见图2-218)。

图 2-218　朗读古诗

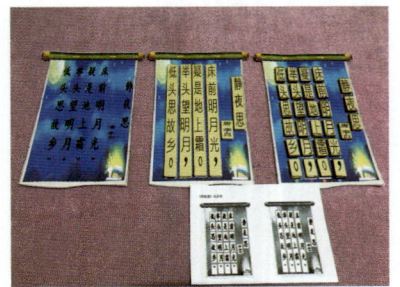

⑥对照参照板完成记录单,再次朗读古诗(见图2-219)。

图 2-219　再次朗读古诗

（6）适宜年龄：4—5岁。

（7）错误控制：句卡及字卡的背面有与卷轴板上一致的颜色标记。

（8）注意事项：

①在幼儿操作时，教师要引导幼儿认真观察，正确摆放句卡与字卡。

②当幼儿完成操作后，教师要利用卷轴的背景画面引导幼儿理解古诗的意义。

（9）变化延伸：

①可以用填空的形式补充句卡。

②可以变化节奏朗诵古诗。

③可学习幼儿熟悉的其他经典古诗。

④可以为古诗配上朗诵磁带。

（10）活动反思：

①这份材料看起来文字多、有难度，但材料的错误控制设计巧妙，幼儿完成材料操作的正确度高，材料的色彩、质感、民族特色深深地吸引着幼儿。

②在颜色标志的指引下，幼儿能顺利地完成材料的操作并大胆地朗诵古诗。

③幼儿对古诗词的句子从右到左的排列顺序有了初步感知。

案例2-32

（1）活动名称：卷轴古诗《画》。

（2）活动目标：

①萌发朗诵古诗的愿望。

②感知古诗的意境。

③提高对古诗的欣赏能力。

（3）材料解读：

①选用有中国特色的卷轴，以吸引幼儿的注意力。

②在材料上使用了魔术贴，便于幼儿操作。

（4）材料构成（见图2-220）：

①2个卷轴，一个卷轴上有完整的古

图2-220　材料构成

诗《画》，另一个卷轴上按古诗的结构附有魔术贴。

②藤筐，手绣香包。

（5）操作步骤：

①从托盘中相继取出2个卷轴（见图2-221）。

图 2-221　取出卷轴

②并列摆好卷轴，拿起有古诗的卷轴，打开欣赏并指读古诗（见图2-222）。

图 2-222　欣赏并指读古诗

③把另一个没有古诗的卷轴对应放好并打开（见图2-223）。

图 2-223　打开另一个卷轴

④按照刚刚朗诵的古诗的结构，对应粘贴上诗题和每一句诗（见图2-224）。

图 2-224　对应粘贴诗题和诗句

⑤边粘贴边朗诵古诗（见图2-225）。

图2-225　朗诵古诗

⑥完成记录单后，再完整地朗诵一遍古诗（见图2-226）。

图2-226　完成记录单并朗诵古诗

（6）适宜年龄：4—5岁。

（7）错误控制：每一句古诗的颜色不同，相同的句子颜色相同。

（8）注意事项：教师应注意引导幼儿一边操作一边朗诵。

（9）变化延伸：

①可以变化古诗的内容。

②可以把古诗替换成古词、歇后语等。

（10）活动反思：

①幼儿欣赏有古诗的卷轴，卷轴上浅显易懂、朗朗上口的古诗，幼儿易于理解。教师要引导幼儿先欣赏卷轴上的图画，再指读上面的古诗。

②在粘贴古诗句子时，引导幼儿遵循先把需粘贴诗句对应原诗句再进行粘贴的原则，以免造成诗句顺序的紊乱，降低幼儿对材料的兴趣。

③当幼儿完成所有材料操作后，教师要让幼儿完整、正确地指读古诗。同时，教师要了解每个幼儿在语言领域的发展水平和需要，为后续提供材料寻找依据。

第三节 大班语言区

在介绍大班语言区时,我们选取了深圳市莲花二村幼儿园17年区域探索成果中的精华,荟萃了我园在中国化、本土化材料设计和制作中的优秀案例,向读者展示如何在大班语言区提供丰富而科学的材料,让大班幼儿通过探索语言区材料在形成良好的学习品质和常规习惯等方面有较大的进步,为幼小衔接做好充足的准备。

一、大班语言区设计思路

幼儿进入大班后,其语言表达能力和对文学作品的理解能力有了质的飞跃,同时,其逻辑思维能力和分析问题的能力有了一定的发展。好学爱问、喜欢挑战性学习是大班幼儿的典型特征。基于大班幼儿的这些学习特点,教师将大班语言区的教育目标确定为提高幼儿对古今中外经典文学作品的理解能力,培养幼儿的前阅读和前书写技能。大班语言区提供的材料以知识性内容为主,包括让幼儿了解中国传统文化知识(歇后语、成语、对联、谜语、寓言故事和童话故事等),初步了解有关文字的起源、结构及笔画等。教师为幼儿创设各种语言学习的问题情境,提供多样化的挑战性学习材料,让幼儿在与材料反复互动的过程中,充分运用长期积累的语言方面的知识经验,在探索性学习中获得语言表达能力、前阅读和前书写技能方面的进步。

二、大班语言区活动导航

大班是幼小衔接的关键时期。从大班语言区导航图(见图2-227)中,我们不难看出，随着幼儿各方面能力的发展，大班语言区材料以中国传统文化内容为主，通过对中国传统文化、经典文学作品、文字的演变、文字的结构特点等方面的了解，促进幼儿整体语言水平的提高。

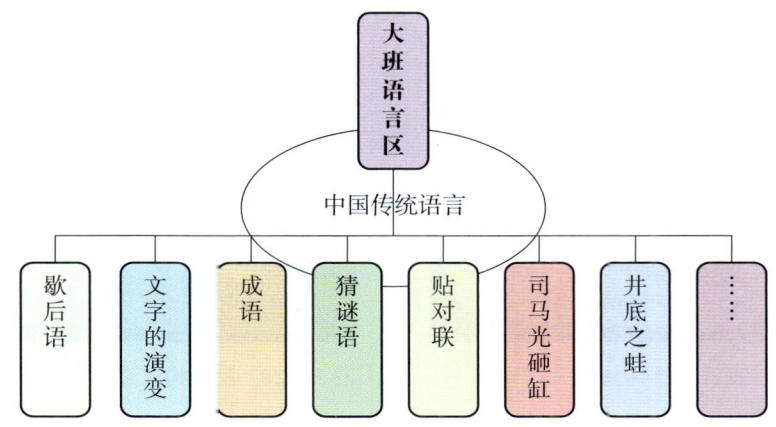

图 2-227　大班语言区导航图

三、大班语言区材料案例

案例 2-33

（1）活动名称：扎文字。

（2）活动目标：

①产生乐于认读文字的情感。

②初步了解文字的轮廓。

③提高小肌肉灵活性的发展。

（3）材料解读：

①工作单上提供的文字应该是空心字，所选文字的结构要简单，尽量避免用全包围的字。

②扎文字所提供的塑胶软垫板要有一定的厚度，其厚度要大于工字钉的钉长。

③垫板的面积要比文字纸张的面积大。

（4）材料构成（见图2-228和图2-229）：

①空心文字纸张，彩色工字钉，彩色纸，彩色泡沫垫板。

②方形托盘，小首饰盒，胶水，装记录单的透明袋。

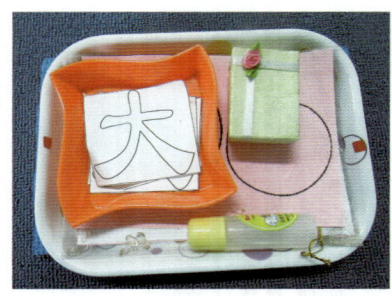

图2-228　材料构成1

图2-229　材料构成2

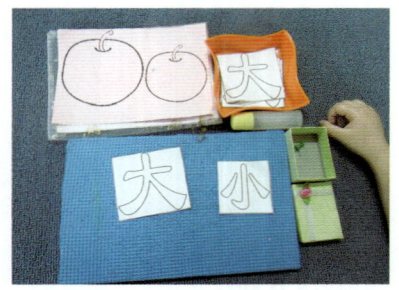

图2-230　观察文字

（5）操作步骤：

①打开首饰盒，取出彩色泡沫垫板和一颗彩色工字钉，拿出空心文字，认读文字，观察文字的结构，将其放在垫板上（见图2-230）。

图2-231　将工字钉对准线条

②取出工字钉，然后对准要扎的线条（见图2-231）。

③按从上到下、从左到右的顺序依次扎出文字的轮廓（见图 2-232）。

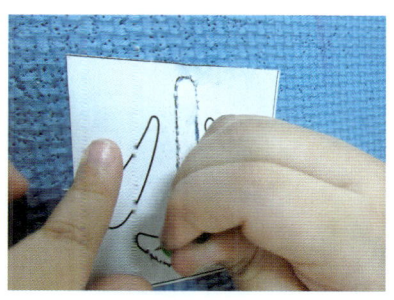

图 2-232　按笔顺扎文字

④准备按扎好的线条撕出文字（见图 2-233）。

图 2-233　准备撕出文字

⑤按从上到下、从左到右的顺序撕出文字的轮廓（见图 2-234）。

图 2-234　撕出文字的轮廓

⑥取出彩色纸，给撕好的文字涂抹胶水并粘贴在彩色纸上（见图 2-235）。

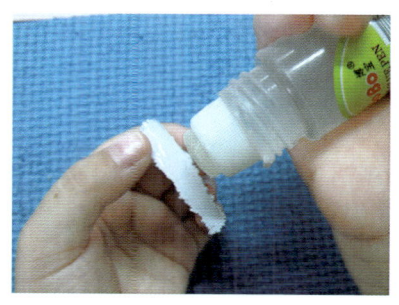

图 2-235　给撕好的文字涂抹胶水

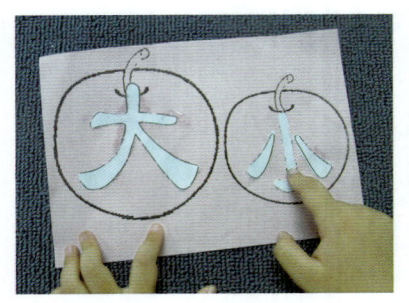

⑦点读并欣赏文字（见图 2-236）。

图 2-236　点读并欣赏文字

（6）适宜年龄：5—6 岁。

（7）错误控制：工字钉只能扎在文字的轮廓线上，而且要有一定的密度。

（8）注意事项：教师要提醒幼儿扎文字时注意安全，一定要在垫板上完成，以免扎到手指。

（9）变化延伸：幼儿完成扎文字的活动后，可开展拼文字、偏旁花等活动。

（10）活动反思：

①大班幼儿的小肌肉动作灵活，教师选择用工字钉扎空心文字的方式帮助幼儿了解汉字的结构，不仅促进了幼儿手指灵活性的发展，而且使幼儿对中国文字的轮廓结构有了更多的探究兴趣。

②在幼儿扎文字的过程中，教师应该提出操作方面的要求，要引导幼儿顺着文字的轮廓一点一点地扎出文字的形状，保证文字的完整性。

③幼儿在操作中学习工字钉的正确使用方法，教师要及时对幼儿提出安全方面的要求，保证幼儿在安全的前提下进行操作。

案例 2-34

（1）活动名称：拓印文字笔画。

（2）活动目标：

①感受运用不同的工具动手操作材料的乐趣。

②了解几种基本笔画的名称。

③形成认真细致地操作材料的良好品质。

（3）材料解读：

①砂纸笔画板上的笔画要凸显，而且一定要粗糙。

②选择的彩沙要细，棉签头要小。

③夹子的大小、松紧要适宜，便于幼儿打开。

（4）材料构成（见图2-237和图2-238）：

图2-237 材料构成1

图2-238 材料构成2

①砂纸笔画板，与砂纸笔画板等大的白色长方形纸张，彩色沙子，乳胶，夹子，小勺，油画棒，棉签，毛刷。

②托盘，小盘若干，装沙的瓶子。

（5）操作步骤：

①取一块砂纸笔画板，用食指描画并认读笔画名称（见图2-239）。

图2-239 描画笔画

②取一张白纸，用夹子固定在笔画板上，用油画棒平躺滚动拓印出笔画的形状（见图2-240）。

图2-240 拓印笔画

图 2-241　涂抹乳胶

③用棉签蘸上乳胶后均匀地涂抹在拓印好的笔画上（见图 2-241）。

图 2-242　撒彩色沙子

④用小勺舀彩色沙子，均匀撒在有乳胶的笔画上（见图 2-242）。

图 2-243　倒多余的沙子

⑤等待几秒钟后，把多余的沙子倒回装沙的瓶子中，再用毛刷清扫小碟（见图 2-243）。

图 2-244　用手指描写并指读笔画

⑥按同样的方法完成其他笔画的制作，用手指描写并指读（见图 2-244）。

(6)适宜年龄:5—6岁。

(7)错误控制:胶水不要涂到笔画外。

(8)注意事项:

①把纸张固定到砂纸笔画板上时一定要使其牢固,而且夹子不要遮挡住笔画的部分。

②涂抹乳胶要均匀,笔画的每个部位都要涂抹到,否则容易出现空白。

③一定要等笔画上的沙子干了之后再清理多余的沙子。

(9)变化延伸:

①当幼儿能力弱时,可只拓印,不进行沙子粘贴。

②当幼儿能独立完成此工作后,可拓展为拓印文字的活动。

(10)活动反思:

①在幼儿的操作过程中,教师要引导幼儿先用手在砂纸笔画板上感知不同的笔画,认识笔画名称后再进行拓印。

②教师要提醒幼儿在拓印时遵循先上后下、先左后右的顺序操作,胶水和沙子一定要抹均匀,操作结束后要把剩余的沙子清理干净。

③在提供后续材料时,拓印的笔画可以随着幼儿经验的丰富、动作灵活度的提高而逐步增加难度。

案例 2-35

(1)活动名称:偏旁花。

(2)活动目标:

①产生探索文字奥妙的兴趣。

②能清楚地说出几种基本偏旁的名称。

③初步形成对文字的辨别能力。

(3)材料解读:

①选择的文字具有代表性,如:"三点水""口字旁"左右结构明显,"草字头"上下结构明显。

②花的底板颜色不一样，字体最好选择宋体，印刷清晰，便于幼儿区分。

（4）材料构成（见图2-245和图2-246）：

①3朵不同的偏旁花，15个有相应偏旁的立体文字卡，水果夹，记录单，胶水，剪刀。

②花边筐，装文字的爱心盒。

图2-245　材料构成1

图2-246　材料构成2

图2-247　点读偏旁名称

（5）操作步骤：

①从托盘中取出3朵不同的偏旁花。把3朵不同的偏旁花并列摆开，点读偏旁名称（见图2-247）。

图2-248　摆放文字卡

②打开爱心盒，取出不同偏旁的立体文字卡，观察后摆放在相应的偏旁花上（见图2-248）。

③摆放完成后，尝试说出偏旁为"三点水"的字"河""江""海""渴"等（见图2-249）。

图 2-249　说一说

④工作结束后，对照3朵不同的偏旁花操作卡，完成记录单（见图2-250）。

图 2-250　完成记录单

⑤欣赏记录单，指读记录单上的偏旁"三点水""草字头""口字旁"（见图2-251）。

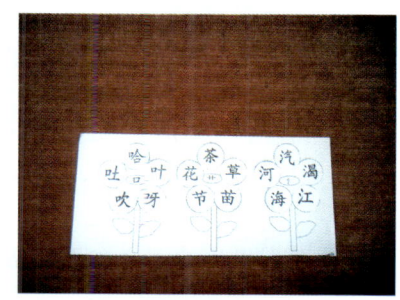

图 2-251　指读记录单上的偏旁

（6）适宜年龄：5—5岁。

（7）错误控制：不同的偏旁。

（8）注意事项：

①在幼儿操作时，教师要提醒幼儿拿到有文字的圆片后，先观察字的偏旁，然后找与偏旁对应的花朵。

②在幼儿操作完成后，教师要提醒幼儿注意检查每个字的偏旁是否与花二的偏旁一致。

（9）变化延伸：

①可使有字圆片的底色与花朵的底色一致。

②偏旁可以更换为"提手旁""单人旁"等。

（10）活动反思：

①让幼儿以给花找朋友的游戏形式认识不同的偏旁，能够很好地激发幼儿探索中国文字的兴趣。

②在幼儿的操作过程中，教师要提醒幼儿有序地操作材料，先观察不同的文字卡，将文字卡进行分类，把相同偏旁的文字卡放在有偏旁指示的花朵底板上，最后检查每个字的偏旁是否与花朵上的偏旁一致，进行自我订正。

③教师要及时对幼儿的操作进行评估，根据评估指标合理地调整材料的难度，并为后续材料的提供寻找依据。

案例 2-36

（1）活动名称：笔画小书。

（2）活动目标：

①在操作中产生书写的欲望。

②了解笔画顺序的规律。

③尝试动手拓印。

(3)材料解读：

①材料是在方形木板上有凸起的砂纸笔画板，激发幼儿探究的兴趣。

②提供白色纸张，幼儿自己操作可以拓印出相同的笔画，从而增强探索的欲望。

③把记录单装订成小书，可让幼儿体验成功。

(4)材料构成（见图 2-252）：

①有"点、横、竖、撇、捺"5个最基本笔画的砂纸笔画板，记录单，剪刀，装订机。

②大托盘，漂亮的小夹子，蜡笔1支。

图 2-252　材料构成

第二章　语言区材料案例

（5）操作步骤：

①从托盘中取出砂纸笔画板，观察并有序地摆放好（见图2-253）。

图 2-253　有序地摆放材料

②按"点、横、竖、撇、捺"的顺序，用食指在凸起的砂纸上书写一遍（见图2-254）。

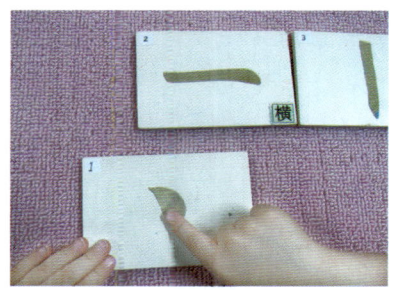

图 2-254　指画笔画

③取出记录单，一一对应砂纸笔画板放好（见图2-255）。

图 2-255　对应摆放记录单

④拿起小夹子，把记录单覆盖到"点"的砂纸笔画板上（见图2-256）。

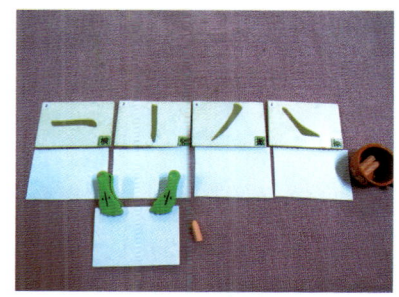

图 2-256　覆盖砂纸笔画板

图 2-257 拓印

⑤取蜡笔1支,按从上到下的顺序拓印(见图 2-257)。

图 2-258 依次完成拓印

⑥把拓印好笔画"点"的记录单取下来,放在"点"的砂纸笔画板下方。依次把其他笔画拓印完成(见图 2-258)。

图 2-259 装订成书并指画

⑦用装订机把记录单装订成小书,欣赏并翻看小书,用食指再描画一遍(见图 2-259)。

(6)适宜年龄:5—6岁。

(7)错误控制:砂纸笔画板上有数字,记录单和砂纸笔画板的大小一致。

(8)注意事项:

①在幼儿拓印时,教师要引导幼儿用小夹子夹牢记录单。

②教师要提醒幼儿,尽量按从上到下的顺序拓印,把记录单全部涂满。

(9)变化延伸:

①可以增加更多的笔画。

②逐渐增加难度，可拓印完整的汉字。

（10）活动反思：

①幼儿在操作中需要把砂纸笔画板按1—5的数序排列好。在数字的排序上，幼儿若有偏差，教师应引导幼儿按数字的正确顺序排列好后再进行操作。

②在幼儿拓印笔画时，教师要引导幼儿按从上到下、从左到右的顺序拓印，把蜡笔横卧式握在手中，更便于拓印。

③当幼儿完成所有材料操作后，教师要引导幼儿按1—5的数序把记录单叠放好，再用装订机把它们装订起来，然后翻看笔画小书，再次用手指在记录单上描画。同时，教师要了解每个幼儿在语言领域的发展水平及发展需要，为后续提供材料寻找依据。

案例 2-37

（1）活动名称：书法。

（2）活动目标：

①体验中国书法的魅力。

②知道中国书法的书写方法。

③提高对中国书法的认识。

（3）材料解读：

①毛笔、砚台、墨棒、宣纸和毛笔架可激发幼儿体验书写的愿望。

②记录单提供的是宣纸，可使幼儿感受中国书法的魅力。

（4）材料构成（见图2-260）：

①毛笔，砚台，墨棒，毛笔架，宣纸，笔画字帖4张，清水1瓶。

图 2-260 材料构成

②托盘，玻璃小瓶1个，报纸1张。

(5) 操作步骤：

①取出4张笔画字帖，依次排列摆放在地毯上（见图2-261）。

图 2-261　摆放笔画字帖

②依次拿起笔画字帖，仔细观察，手握毛笔描画（见图2-262）。

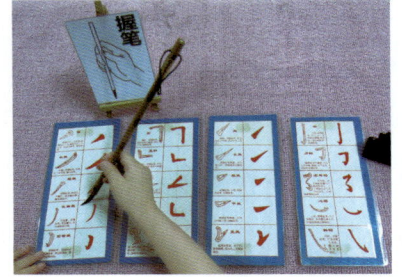

图 2-262　描画字帖

③打开玻璃小瓶，将少许清水倒入砚台中（见图2-263）。

图 2-263　将少许清水倒入砚台中

④拿起墨棒，在砚台中按顺时针方向研墨（见图2-264）。

图 2-264　研墨

⑤拿起一张报纸，平铺在地毯上，然后取一张宣纸，放在报纸上（见图2-265）。

图 2-265　把宣纸铺在报纸上

⑥拿起毛笔，在砚台中蘸饱墨汁，轻轻在砚台边缘刮一刮（见图2-266）。

图 2-266　毛笔蘸墨并刮一刮

⑦模仿参照卡，手握毛笔，在宣纸上临摹书写（见图2-267）。

图 2-267　临摹书写

（6）适宜年龄：5—6岁。

（7）错误控制：握笔姿势参照图，笔画字帖。

（8）注意事项：

①在幼儿活动时，教师要引导幼儿观察字帖后再临摹。

②在幼儿研墨时，教师要提醒幼儿按顺时针方向研墨。

（9）变化延伸：

①可把笔画变成简单的文字。

②可将书写内容调整为词语、句子、对联。

③用砚台研墨可以变化成使用液体瓶装墨汁。

（10）活动反思：

①幼儿在操作中需要把笔画字帖排列摆好，把握笔姿势图架好。幼儿观察字帖，用手指临摹，教师应引导幼儿感受笔画的笔顺。

②在幼儿书写时，教师要引导幼儿按图示握毛笔。研墨时，幼儿能按从右到左的顺时针方向研墨，之后饱蘸墨汁，轻刮毛笔头，在宣纸上大胆尝试书写，体验成功。

③当幼儿完成所有材料操作后，教师要引导幼儿把自己书写的笔画，在彩色卡纸上装裱起来，张贴在展示墙上欣赏。同时，教师要了解每个幼儿在前书写方面的发展水平及发展需要，为后续提供材料寻找依据。

案例 2-38

（1）活动名称：猜字游戏。

（2）活动目标：

①主动积极地参与猜字游戏。

②认识简单的含有"口"字的文字。

③在操作过程中感知文字的变化。

（3）材料解读：

①提供的文字字体结构方正。

②所提供的文字除"口"的部分外，能与"口"字组合的简单文字最好连在一起，以便幼儿操作。

（4）材料构成（见图 2-268）：

①写有猜字提示的操作卡，大小不同的"口"字若干，能与"口"字组合的简单文字，记录单，胶水，剪刀。

图 2-268　材料构成

②藤条托盘，小圆盒，装记录单的布艺袋。

（5）操作步骤：

①从藤条托盘中取出操作卡，并观察（见图2-269）。

图 2-269　取出操作卡

②观察操作卡字面的不同，点读操作卡上的提示，如"两个口""三个口"……（见图2-270）。

图 2-270　点读操作卡上的提示

③取出两个"口"字，摆放在写有"两个口"的操作卡下方，拼成一个"吕"字（见图2-271）。

图 2-271　按提示拼"吕"字

④根据操作卡的提示，逐一摆放"三个口""大口套小口"等，拼成不同的文字（见图2-272）。

图 2-272　按提示继续拼字

⑤将组合的新字移到操作卡右边，查看操作卡背面的文字与拼成的文字是否一致（见图2-273）。

图 2-273　检查核对

⑥将字摆回操作板，对照操作板完成记录单，读一读用"口"组成的汉字（见图2-274）。

图 2-274　完成记录单

（6）适宜年龄：5—6岁。

（7）错误控制：操作卡背面有组成的汉字。

（8）注意事项：

①当幼儿操作全包围的"回"字与上下结构的"吕"字时，教师要提醒幼儿注意大"口"和小"口"摆放的位置。

②在幼儿操作时，教师要提醒幼儿自己探索组合文字，操作完成后再检查是否正确。

(9)变化延伸:

①为幼儿提供难度更大的"口"字组合,如与不同的文字拼成"围""固""图"等。

②可让幼儿拼含有"人"或"日"等字的文字。

(10)活动反思:

①在幼儿的操作过程中,教师要引导幼儿先观察操作卡上的文字,按照两个"口"、三个"口"的顺序将操作卡有序地摆放整齐。

②在"口"字游戏中,教师要提醒幼儿:先点读操作卡上的提示后,再取出相应数量的"口"字来拼字;完成一张操作卡的操作后再进行另一张操作卡的操作;在整个拼字过程中要耐心、仔细,避免一次取放的材料过多而造成混淆。

③教师对幼儿的操作要进行即时观察,针对幼儿在操作中出现的问题及时调整材料的难易程度,让幼儿体验到成功的喜悦。

案例 2-39

(1)活动名称:文字的演变。

(2)活动目标:

①萌发探索中国文化的愿望。

②初步了解文字的起源。

③感知古代文字到现代文字的演变过程。

(3)材料解读:

①所选用的竹简颜色不要太深,最好已做打磨和防虫处理。

②连接竹简的绳子最好是棉麻绳,松紧适宜,方便把竹简卷起来。

③独立操作的图卡、字卡与竹简底板上的图卡、字卡颜色一致。

(4)材料构成(见图 2-275):

①文字演变竹简,与"人""土""马"

图 2-275 材料构成

图 2-276　取出材料

等文字相匹配的图卡和字卡，记录单，剪刀，胶水。

②托盘，丝带，小盒子。

（5）操作步骤：

①从操作盘中将所要操作的材料全部取出（见图 2-276）。

图 2-277　打开竹简欣赏

②打开文字演变竹简，按从上到下的顺序，逐一欣赏竹简上文字的演变过程（见图 2-277）。

图 2-278　排列在竹简下方

③从小盒子中取出图卡和字卡，进行观察和认读，将取出的图卡和字卡拿到竹简上方进行匹配，找到对应的位置后，排列在竹简的下方（见图 2-278）。

图 2-279　摆放图卡和字卡

④参照竹简的提示，将图卡和字卡摆放在相应的空白位置（见图 2-279）。

⑤根据操作得出的结果，完成记录单，再次认读文字（见图2-28C）。

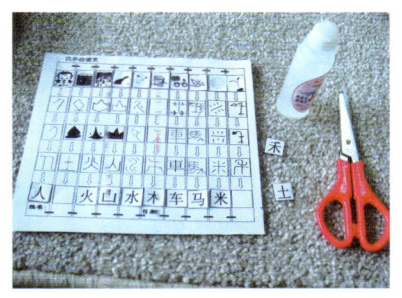

图2-28C 剪贴完成记录单

（6）适宜年龄：5—6岁。

（7）错误控制：参照签的颜色与图卡、字卡的颜色一致。

（8）注意事项：

①教师要提醒幼儿先观察竹简，了解文字演变过程后，再进行操作。

②教师要提醒幼儿有序地探究，如：找到"人"的图片后，马上对应找到"人"的文字。

（9）变化延伸：

①可将内容更换为各种字体的变化。

②可将竹简的内容更换成散文或古诗词等。

（10）活动反思：

①教师选用的竹简可将文字的演变呈现出来，能够带给幼儿视觉上的刺激，从而激发幼儿探索中国文化的愿望。

②在幼儿操作材料的过程中，教师应提醒幼儿遵循先上后下的操作顺序，先观察再操作，操作时一定要认真仔细，防止出现漏字和漏图的现象。

③在本次操作中，幼儿因接触的图卡和字卡较多，难免会出现各种困难或错误。教师应及时地对幼儿的请求进行回应，帮助其解决问题，并根据共性的问题适时调整后续活动材料的投放标准。

案例2-40

（1）活动名称：成语。

（2）活动目标：

①感受中国传统文化的魅力。

②了解成语故事的内容，懂得成语的含义。

③进一步提高匹配词语与图片画面的能力。

（3）材料解读：

①用于夹卡片的小三角相架，可使材料立体化，激发幼儿的活动兴趣。

②选择的画面要浅显易懂、一目了然。

图 2-281　材料构成

（4）材料构成（见图 2-281）：

①小三角相架（贴有成语），成语故事卡片（正面是画有"老虎的头和蛇的尾巴"等的图片，反面是文字"虎头蛇尾"等），成语字卡，记录单，剪刀，胶水。

②小篮子，布艺袋。

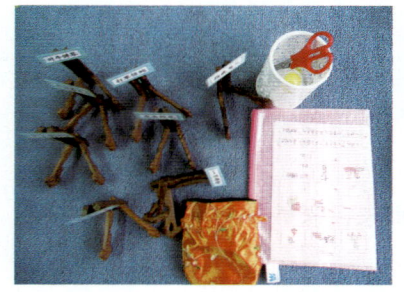

图 2-282　将材料放置在地毯上

（5）操作步骤：

①幼儿将小篮子中所要操作的材料取出，然后观察材料（见图 2-282）。

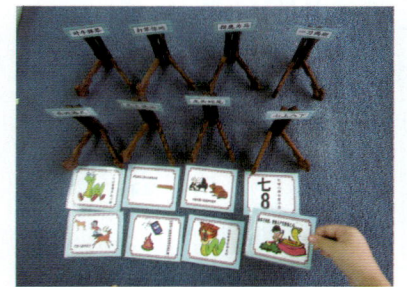

图 2-283　看图理解成语

②拿出有情景画面的成语故事卡片逐一欣赏，理解成语的含义，并说一说成语故事卡背面的文字（见图 2-283）。

③为成语故事卡片找到对应的成语，摆放在相架下方（见图2-284）。

图 2-284　对应摆放图卡和字卡

④将卡片翻到背面，查看相架上方的成语和对应成语故事卡片背面的成语是否相同，再次说一说成语（见图2-285）。

图 2-285　看图说成语

⑤根据操作结果完成记录单（见图2-286）。

图 2-286　剪贴完成记录单

⑥完整地认读成语（见图2-287）。

图 2-287　完整地认读成语

图 2-288　清理垃圾

⑦清理垃圾（见图 2-288）。

（6）适宜年龄：5—6 岁。

（7）错误控制：成语故事卡片背面的成语与相架上方的成语相同。

（8）注意事项：

①教师要引导幼儿理解画面，先用自己的语言讲出画面的意思，再概括得出成语。

②活动完成后，教师要尝试让幼儿理解成语故事。

（9）变化延伸：

①可让幼儿根据成语和描述的语言为成语配上画面。

②拓展成语故事的活动材料。

（10）活动反思：

①大班幼儿的语言表达能力和文学理解能力都有了一定的提高，在大班的语言区投放这份成语活动材料，能够帮助幼儿感受到中国传统文化的历史渊源与魅力，幼儿很喜欢与材料互动。

②在幼儿操作材料的过程中，教师要引导幼儿先观察画面，说一说画面的内容，再了解成语的含义，摆放图片与文字时要做到画面匹配、图文一致。

③在幼儿操作完成后，教师要鼓励幼儿独自完成记录单，并根据记录单上的内容说说成语，讲讲成语的含义，体验成功的快乐。

案例 2-41

（1）活动名称：关联词说话。

(2) 活动目标：

①体验操作立体材料带来的乐趣。

②初步了解关联词。

③尝试运用关联词"有……有……还有……"，学说一句话。

(3) 材料解读：

①立体小火车上有磁铁，图字卡上有磁铁，便于幼儿操作并能激发幼儿的兴趣。

②火车车厢的挂钩前面是钩，后面是圈，挂好后，火车上的文字自然形成"有……有……还有……"这样的句子。

③记录单上相同人名的边框相同，可引导幼儿正确操作。

图 2-289　材料构成

(4) 材料构成（见图 2-289）：

①贴有文字的小火车教具 1 套，京剧人物图字卡 1 套，剪刀，胶水。

②大托盘，爱心盒，笔袋。

(5) 操作步骤：

①将京剧人物图字卡从爱心盒中取出，散放在地毯上，指读人物名称（见图 2-290）。

图 2-290　指读京剧人物名称

②取出贴有文字的小火车教具，按"有……有……还有……"的文字顺序拼成一列火车（见图 2-291）。

图 2-291　拼火车

图 2-292　造句

③任意选取3张京剧人物图字卡贴在火车车厢上,用"我认识的京剧人物""有……有……还有……"造句(见图2-292)。

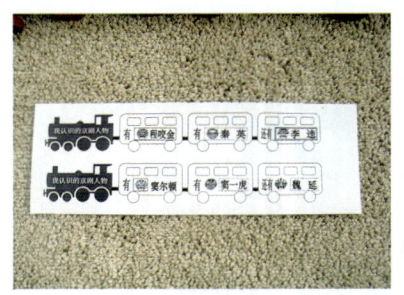

图 2-293　完成记录单并说一说

④对照操作材料完成记录单,并再次说一说"有……有……还有……"的句子(见图2-293)。

(6)适宜年龄:5—6岁。

(7)错误控制:火车挂钩的前后不一样。

(8)注意事项:

①教师要引导幼儿在操作时先摆好小火车,然后说一说上面的文字"有……有……还有……",再摆放图字卡,最后说完整的句子。

②当幼儿完成操作后,教师要引导幼儿再次认识京剧人物并学说一句话。

(9)变化延伸:

①可拓展探索其他国粹系列,如剧种、历史人物等。

②可制成场景系列,如操场系列、草地系列、动物园系列等。

(10)活动反思:

①在活动中,一部分幼儿对小火车教具的外形感兴趣,而对造句的要求有所忽略。如果两个幼儿互动,一问一答便会有新的话题产生,对造句者来说就多了一个听众和评价者。

②幼儿对小火车车厢里装的图片感兴趣，教师可以更换不同系列的图片内容。

③幼儿完成图文匹配后，愿意尝试运用关联词说一句完整的话，教师要及时鼓励幼儿在集体分享时大胆地表现和展示。

案例 2-42

（1）活动名称：夏天到。

（2）活动目标：

①产生热爱大自然的情感。

②认识动词、名词。

③尝试运用相匹配的动词和名词造句。

（3）材料解读：

①把材料设计成台历的形式，可增强幼儿操作的兴趣。

②相匹配的动词卡与名词卡的边框颜色一致，可引导幼儿正确操作和认知。

（4）材料构成（见图 2-294）：

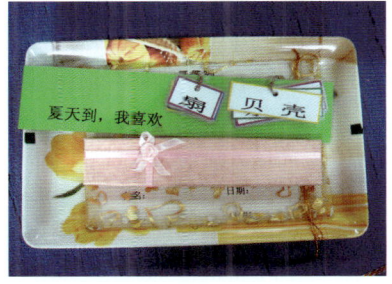

图 2-294　材料构成

①"夏天到"的组句操作材料1套，记录单，笔。

②托盘，笔盒。

（5）操作步骤：

①取出操作材料摆放在地毯上，指读句子的前半部分"夏天到，我喜欢……"（见图 2-295）。

图 2-295　指读句子的前半部分

②翻开动词卡，认识动词，观察动词卡的边框颜色，根据颜色提示找到对应的名词并组合起来，如"扇扇子"（见图 2-296）。

图 2-296　找出相对应的词卡

③操作完成后,说一说完整的句子,如"夏天到,我喜欢扇扇子"(见图2-297)。

图2-297 说完整的句子

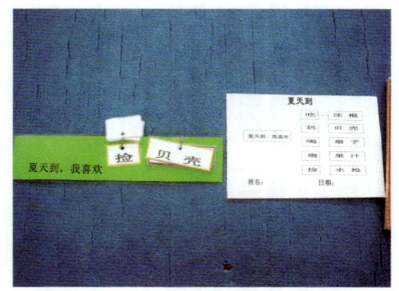

④对照操作材料完成记录单,并再次说一说句子(见图2-298)。

图2-298 完成记录单并说句子

(6)适宜年龄:5—6岁。

(7)错误控制:相匹配的动词卡与名词卡的边框颜色一致。

(8)注意事项:

①材料被制作成了台历的形式,幼儿在操作时应该逐页翻动,以防跳页。

②当幼儿翻到台历小书的每一页时,教师要提醒幼儿注意观察名词和动词的边框颜色是否一致。

③教师要提醒幼儿,在确保动词卡和名词卡的边框颜色一致的前提下再进行下一步的操作,以免发生错认的情况。

(9)变化延伸:

①操作卡的名词前期可换成图片。

②制作春、夏、秋、冬四季操作材料。

(10)活动反思:

①幼儿的兴趣点在翻动的词卡上,通过记录单的分享,可以锻炼幼儿的

语言表达能力。

②词卡的内容与季节相关，幼儿在翻阅词卡的同时对季节的特点有了初步的认识。

③幼儿对一个句子中的动词和名词有了初步的认识。

案例 2-43

（1）活动名称：歇后语。

（2）活动目标：

①体验歇后语诙谐、幽默的乐趣。

②认识歇后语。

③尝试运用歇后语。

（3）材料解读：

①歇后语的立体化笔架和立体的木质扣可插放句卡。

②提供的歇后语文字简单、字体清晰，易于辨认。

（4）材料构成（见图 2-299）：

①写有歇后语前段的立体卡片 5 张，木质扣 5 个，与立体卡片上的文字相对应的歇后语后段句卡 5 张，歇后语的立体笔架 1 个，记录单，剪刀，胶水。

②托盘，竹条笔筒，布艺袋。

图 2-299　材料构成

（5）操作步骤：

①请幼儿将所有要操作的材料从托盘中取出后进行观察（见图 2-300）。

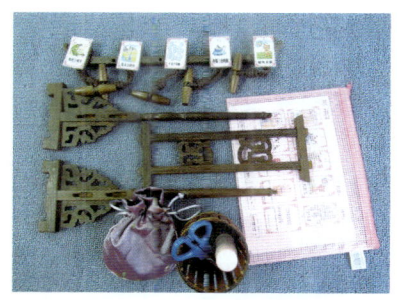

图 2-300　将材料取出并观察

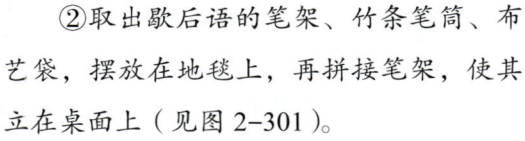

②取出歇后语的笔架、竹条笔筒、布艺袋，摆放在地毯上，再拼接笔架，使其立在桌面上（见图2-301）。

图2-301 拼接笔架

③取出歇后语的后段句卡，找到对应的歇后语前段，将后段摆放在对应的前段下方（见图2-302）。

图2-302 对应摆放后段句卡

④把写有歇后语前段的立体卡片反过来，对照上面的文字检查歇后语的后段句卡摆放是否正确，并将后段句卡扣在相应的前段下边，组成一个完整的歇后语（见图2-303）。

图2-303 组成完整的歇后语

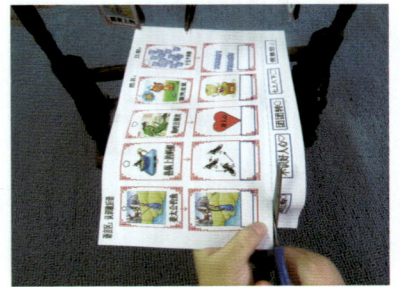

⑤操作完成后，剪贴记录单（见图2-304）。

图2-304 剪贴完成记录单

⑥对应操作卡，检查并欣赏已完成的记录单（见图2-305）。

图2-305　检查并欣赏记录单

⑦再次说说歇后语，并按照从左到右的顺序指读歇后语（见图2-306）。

图2-306　指读歇后语

（6）适宜年龄：5—6岁。

（7）错误控制：写有歇后语前段的立体卡片背后有对应正确的答案。

（8）注意事项：

①在幼儿的操作过程中，教师要引导幼儿找到对应的歇后语后段，将前段的立体卡片反过来进行检查。

②教师要提醒幼儿将写有歇后语前段或后段的卡片扣在同一个木质扣上，组成一个完整的歇后语。

（9）变化延伸：当幼儿熟悉歇后语后，组织幼儿以"你问我答"的形式玩歇后语的游戏。

（10）活动反思：

①当幼儿对文字的结构、文字的演变、成语和寓言故事有了一定的了解之后，教师在语言区投放这份歇后语活动材料，可让幼儿充分地体验歇后语的诙谐与幽默，在很大程度上满足了大班幼儿学习语言的需求。

②在幼儿的操作过程中，教师要引导幼儿将歇后语的前段与后段对应摆放，将写有歇后语前段或后段的卡片扣在同一个木质扣子上，并鼓励幼儿大声地说出合成后的完整歇后语。

③当幼儿完成材料操作后，教师要鼓励幼儿独立地完成相应的记录单，并学会在生活中灵活地运用歇后语。

案例 2-44

（1）活动名称：司马光砸缸。

（2）活动目标：

①产生乐于助人的情感。

②欣赏中国传统故事。

③尝试按故事情节进行图文排序。

（3）材料解读：

①提供的故事图片是一个系列的邮票。

②透明书模底板与故事图片大小一致。

③提供的书模底板、故事图片封面有中国传统文化特色。

图 2-307　材料构成

（4）材料构成（见图 2-307）：

①透明书模底板 1 本，故事图片 1 套，故事文字 1 套，记录单，剪刀，胶水。

②大托盘，布艺袋，小盒子。

（5）操作步骤：

①取出故事封面，观察画面，点读封面文字（见图 2-308）。

图 2-308　点读封面文字

②取出图画插页,观察画面内容,了解故事情节(见图2-309)。

图 2-309　取出图画插页

③尝试根据故事情节进行图片排序,并检查是否正确。逐一取出文字插页,在教师的引导下讲述故事,与图画插页进行配对(见图2-310)。

图 2-310　图画与文字对应

④检查图画与文字下方的数字是否一致,将插页有序地插入活页书模中(见图2-311)。

图 2-311　将插页有序插入书模中

⑤边翻书边讲述完整的故事,对照小书,完成记录单并把记录单装订成小书(见图2-312)。

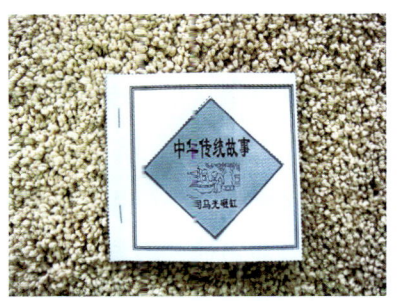

图 2-312　把记录单装订成小书

（6）适宜年龄：5—6岁。

（7）错误控制：图片与文字上的数字页码一致。

（8）注意事项：

①在幼儿的操作过程中，教师对认字量少的幼儿要予以引导。

②当幼儿完成操作后，教师要引导幼儿进行检查。

（9）变化延伸：

①阅读做好的小书。

②可设计中国传统文化故事系列书。

③可收集明信片、贴纸等系列图片故事，设计操作材料。

（10）活动反思：

①开始时，幼儿将插页有序地插入活页书模有一些困难，慢慢地就变得熟练了，我们可以让小班幼儿在生活区增加这样的练习。

②该活动运用了中国传统故事，剪纸艺术在图片中的运用更具中国味，因此活动材料对幼儿有较大的吸引力。

③幼儿能根据故事情节检查图片顺序，也能依据图片与文字上的数字页码来检查。

案例 2-45

（1）活动名称：井底之蛙。

（2）活动目标：

①萌发进一步了解更多成语故事的愿望。

②欣赏成语故事，了解故事中的角色特点。

③提高讲述故事的能力。

（3）材料解读：

①给幼儿提供的故事以图文形式呈现，凸显故事的角色。

②故事书的外形与故事内容相配，能吸引幼儿。

③提供的相同文字卡的底座颜色一致，有助于引导幼儿操作。

④为幼儿提供的记录单以故事书的形式呈现。

（4）材料构成（见图2-313）：

①《井底之蛙》小书，故事角色文字卡，记录单，彩色圆珠笔，订书机。

②托盘，小盒子。

（5）操作步骤：

①打开《井底之蛙》小书，逐页翻阅（见图2-314）。

图2-313　材料构成

图2-314　逐页翻阅小书

②从小盒子中取出故事角色文字卡，进行认读，把相同的文字摆放在一起（见图2-315）。

图2-315　认读文字卡

③再次翻阅小书，按页面图片提示，将文字卡与小书上的图片进行匹配（见图2-316）。

图2-316　把文字卡与图片相匹配

④操作完成后，完成记录单并把其装订成一本小书。装饰封面，阅读和欣赏自制小书（见图2-317）。

图2-317　阅读和欣赏自制小书

(6) 适宜年龄: 5—6岁。

(7) 错误控制: 小书中图片旁边有阴影的文字, 可帮助幼儿正确摆放。

(8) 注意事项: 根据幼儿的能力发展水平, 记录单可绘制, 也可进行文字书写。

(9) 变化延伸:
①当幼儿熟悉故事后, 可鼓励幼儿分角色表演。
②可设计系列寓言故事区域材料。

(10) 活动反思:
①文字卡有点小, 对小肌肉不灵活的幼儿来说具有挑战性。下一阶段, 教师可以做几个层次的文字卡, 有的大、有的小, 以满足不同幼儿的需求。
②幼儿在活动中能一边观察一边匹配相应的字卡, 轻轻取拿文字卡的习惯较好。
③在分享环节, 幼儿介绍和讲述成语故事, 提高了他们的讲述能力。

案例 2-46

(1) 活动名称: 壁虎借尾巴。

(2) 活动目标:
①形成良好的倾听习惯。
②听故事, 给图片排序。
③提高对故事的理解能力。

(3) 材料解读:

图 2-318　材料构成

①提供的故事图片与布艺小书的大小一致, 布艺小书的图片固定处大小适中, 不能过多地遮挡图片画面, 以便幼儿操作。
②在复读机复读的按键上做好标记。
③每一幅图片的背面有数字序号。

(4) 材料构成 (见图 2-318):
①《壁虎借尾巴》的故事图片1套,

装图片的布艺书，耳机，复读机。

②托盘，布艺袋。

（5）操作步骤：

①取出故事图片并摆放在桌子上（见图2-319）。

图2-319　取出故事图片

②戴上耳机，利用复读机欣赏、倾听故事，根据故事的线索给图片排序（见图2-320）。

图2-320　听故事给图片排序

③查看图片背面的数字序号，检查所排顺序是否正确，然后把图片按照排列的顺序依次装进布书里（见图2-321）。

图2-321　把图片装进布书里

④再次倾听故事，边听边翻看布书（见图2-322）。

图2-322　翻看布书

（6）适宜年龄：5—6岁。

（7）错误控制：每一幅图片的背面有数字序号。

（8）注意事项：

①在活动前，教师要让幼儿学会操作复读机。

②教师要提醒幼儿倾听故事内容，理解画面，并进行正确的排序。

（9）变化延伸：布艺小书的内容可更换成其他经典童话故事，如《乌鸦喝水》《小猫钓鱼》《三只小猪》等。

（10）活动反思：

①听故事给图片排序对幼儿来说是难点。幼儿在活动中能安静地聆听，有序地操作，顺利地完成材料的操作。

②幼儿将排列有序的图片一一装进布书的过程，提高了幼儿的观察力，使幼儿进一步熟悉了故事情节。

③在幼儿园里教师要注意培养幼儿良好的倾听习惯，家长在家里也要如此。这类活动，家长可陪伴孩子在家进行，不需要戴耳机。

案例2-47

（1）活动名称：猜谜语。

（2）活动目标：

①感受游戏中谜底揭开的喜悦。

②初步掌握谜语的特点。

③提高猜谜过程中的理解及推理能力。

（3）材料解读：

①谜底最好是文字与图片相结合，可帮助幼儿核对是否猜对了。

②幸运瓶的瓶盖要便于幼儿打开。

③MP3的操作方式要方便、简单，录音要分段，留有空白时间让幼儿思考。

（4）材料构成（见图2-323）：

①数字幸运瓶6个（里面装着有谜

图2-323　材料构成

底的彩色纸条），录有谜面的 MP3，耳机。

②托盘，小盒子。

（5）操作步骤：

①取出幸运瓶按 1—6 的顺序摆在桌子的上方（见图 2-324）。

图 2-324　按顺序摆放幸运瓶

②戴耳机，听第一个谜面，猜一猜是什么（见图 2-325）。

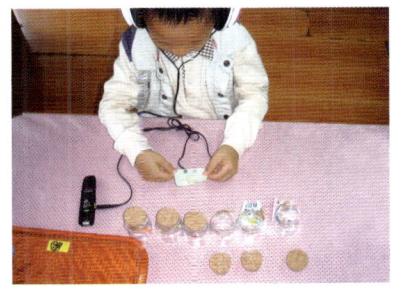

图 2-325　听谜面猜一猜

③打开 1 号幸运瓶，取出谜底纸条，根据图片与文字检查是否猜对了（见图 2-326）。

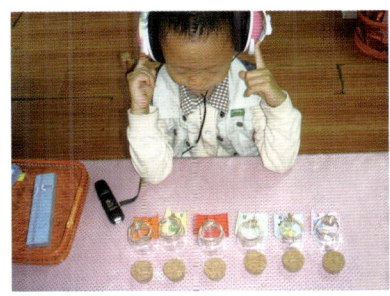

图 2-326　取出谜底纸条

④继续听谜面猜谜，直至猜完所有谜语。操作完成后有序地整理材料（见图 2-327）。

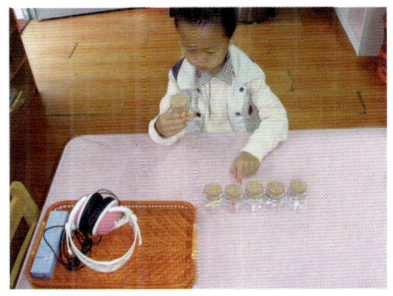

图 2-327　有序地整理材料

（6）适宜年龄：5—6岁。

（7）错误控制：幸运瓶上的数字与谜底图案的数字一致。

（8）注意事项：

①在幼儿操作时，教师要提醒幼儿不能提前打开谜底。

②教师要创设良好的倾听环境。

（9）变化延伸：

①可更换不同的谜语。

②可设计多种猜谜的形式，如运用百宝箱装谜底，以增强神秘感等。

（10）活动反思：

①幼儿对活动的兴趣浓，愿意主动尝试，但一部分孩子希望能及时地与同伴互动，分享谜底。

②下一阶段，我们可以改进材料，设计几名幼儿互动的材料操作形式，比如：一个幼儿说谜面，另一个幼儿猜谜底。

③幼儿在活动中对谜语有了粗浅的认识，锻炼了分析推理能力。

案例2-48

（1）活动名称：贴对联。

（2）活动目标：

①在生活化情境中感受贴对联的乐趣。

②了解中国对联的特点。

③尝试动手贴对联。

（3）材料解读：

①选择对联时尽量挑选好认的文字及朗朗上口的句子。

②茶馆模型以及贴到门楣上的对联尽量立体化，以引起幼儿操作的兴趣。

③对联上的文字使用楷体。

（4）材料构成（见图2-328）：

①仿真中国茶馆模型（茶馆的大门

图2-328　材料构成

上有"横批""上联""下联"等文字），有魔术贴的对联句卡，记录单，剪刀，胶水。

②大托盘，装文字卡的锦盒。

（5）操作步骤：

①从托盘中取出茶馆模型，摆放在地毯上，然后欣赏（见图2-329）。

图 2-329　欣赏茶馆模型

②按照上联、下联、横批的顺序，用手指着茶馆大门上的文字，读一读（见图2-330）。

图 2-330　指读上下联和横批

③从锦盒中取出对联句卡，摆放在地毯右侧（见图2-331）。

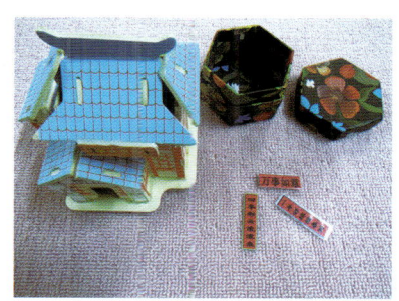

图 2-331　取出对联句卡

④根据茶馆大门上"横批""上联""下联"的颜色，将对联句卡粘贴到茶馆的大门上（见图2-332）。

图 2-332　粘贴对联

⑤欣赏贴好的对联,并用手指指着对联,大声朗读(见图 2-333)。

图 2-333　读一读对联

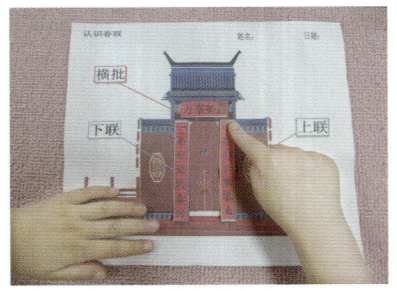

⑥完成记录单,欣赏并指读(见图 2-334)。

图 2-334　欣赏记录单并指读

(6)适宜年龄:5—6 岁。

(7)错误控制:对联句卡的外框颜色与茶馆门楣上的文字外框颜色一致。

(8)注意事项:

①在幼儿操作时,教师要引导幼儿按照上联、下联、横批的顺序摆放相关材料。

②教师要提醒幼儿在摆放对联底板以及将对联贴到门楣上时,检查对联的文字和方向是否正确。

(9)变化延伸:

①在初级阶段,可以只设置简单的上联、下联和横批的完整对联。

②逐渐增加难度,制作字数更多的对联。

(10)活动反思:

①幼儿先欣赏中国茶馆模型,感受中国特色,教师要引导幼儿说说中国茶馆的风格,以丰富幼儿的语言。

②在幼儿的操作过程中，教师要引导幼儿遵循先观察再对应摆放的原则。教师要让幼儿运用自身的理解能力准确地摆放材料。教师要引导幼儿指读对联，使他们正确地说出对联，并知道对联由上联、下联和横批组成。

③当幼儿完成所有材料操作后，教师一定要让幼儿完整地说出对联，正确地指读对联的内容。同时，教师要了解每个幼儿在语言领域的发展水平及发展需要，为后续提供材料寻找依据。

案例 2-49

（1）活动名称：四季屏风。

（2）活动目标：

①体验作品完成后的喜悦。

②认识四季、四季文字及与四季相关的成语。

③提高动手制作的能力。

（3）材料解读：

①屏风是用铁做的，图片与字卡后有磁铁，可以吸住卡片，这样可使材料立体化，也便于幼儿操作。

②记录单完成后，用正反折叠的方法可以将其做成立体屏风。

（4）材料构成（见图 2-335）：

图 2-335　材料构成

①磁性小屏风（分 A、B 两面），有磁性的四季图片大小各 1 套，四季字卡，成语词卡，记录单，剪刀，胶水，彩色笔。

②托盘，小布袋。

（5）操作步骤：

①取出屏风，将屏风竖立摆放在地毯上（见图 2-336）。

图 2-336　摆放屏风

图 2-337　逐幅欣赏四季小图片

②欣赏四季屏风的 A 面，逐幅欣赏四季小图片（见图 2-337）。

图 2-338　指读四季字卡

③指读四季小图片上的字卡"春""夏""秋""冬"（见图 2-338）。

图 2-339　按序摆放四季大图片

④将四季大图片按春、夏、秋、冬的顺序摆放在屏风 B 面上（见图 2-339）。

图 2-340　指读四季成语

⑤把相应的成语对应摆放在四季大图片的下方，说一说成语（见图 2-340）。

⑥根据操作结果完成记录单,读一读记录单上的文字与成语(见图2-341)。

图2-341　完成记录单并指读

⑦将记录单折成屏风,竖立摆放在磁性小屏风旁边,欣赏并尝试说一说成语(见图2-342)。

图2-342　折叠并欣赏

(6)适宜年龄:5—6岁。

(7)错误控制:图片背景与成语词卡背景的颜色一致。

(8)注意事项:

①在幼儿操作时,教师要引导幼儿按"观察图片—观察图片上的字—找成语—说成语"的顺序进行。

②教师要提醒幼儿注意正确取放剪刀及安全使用剪刀的方法。

(9)变化延伸:

①后续活动时可将成语运用到句子中。

②可设计系列数字成语或动物成语。

(10)活动反思:

①幼儿先欣赏缩微屏风模型,感受中国文化。教师要引导幼儿说说中国屏风的特点,以丰富幼儿的语言。

②在幼儿的操作过程中,教师要引导幼儿遵循先观察再对应摆放的原则。

在摆放材料时，幼儿参照屏风上的四季图片，能准确地摆放材料。教师引导幼儿指读四季成语后，幼儿能正确地说出成语。

③当幼儿完成所有材料操作后，教师一定要让幼儿把记录单以正反方式折叠，折叠成屏风的形状，进一步欣赏，并完整地指读四季成语。同时，教师要了解每个幼儿在语言领域的发展水平及发展需要，为后续提供材料寻找依据。

案例 2-50

（1）活动名称：欣赏古诗三首。

（2）活动目标：

①初步感知古诗的朗朗上口，感受古诗的韵律美。

②了解古诗语言简练、整齐的特点。

③提高欣赏古诗的能力。

图 2-343　材料构成

（3）材料解读：

①一次性盘子上有古诗意境画，相当于瓷器欣赏盘，配上欣赏盘的架子，使材料立体化，便于幼儿操作。

②记录单完成后，可以摆放在架子上欣赏。

（4）材料构成（见图 2-343）：

①有不同古诗意境画的欣赏盘 3 个，三首古诗小书 1 本，三首古诗的句卡，记录单，剪刀，胶水。

②托盘，没有图的一次性盘子，小网袋。

（5）操作步骤：

①取出三首古诗小书，翻看并唱读（见图 2-344）。

图 2-344　翻看古诗小书

②从托盘中分别取出3个有古诗意境画的欣赏盘,将其平放在地毯上(见图2-345)。

图 2-345　摆放古诗欣赏盘

③取出欣赏盘架,放在地毯上。
④任取一个欣赏盘,放在欣赏盘架上(见图 2-346)。

图 2-346　把欣赏盘放在盘架上

⑤从托盘中取出与古诗的名字颜色相同的古诗句卡,参照三首古诗小书对应的古诗,逐句粘贴到欣赏盘上(见图 2-347)。

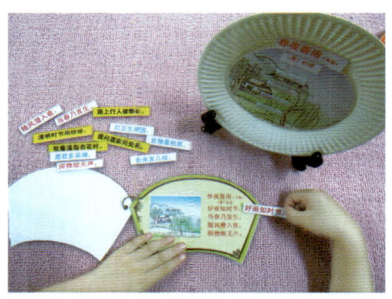

图 2-347　粘贴古诗句卡

⑥依次完成三首古诗的句卡的粘贴,并欣赏古诗(见图 2-348)。

图 2-348　欣赏古诗

图 2-349　指读古诗

⑦指读欣赏盘上的古诗（见图 2-349）。

图 2-350　欣赏记录单并指读古诗

⑧完成记录单后，欣赏记录单并指读古诗（见图 2-350）。

（6）适宜年龄：5—6 岁。

（7）错误控制：欣赏盘上的古诗颜色、古诗句卡的颜色与三首古诗小书上的古诗颜色一致。

（8）注意事项：

①在幼儿活动时，教师要引导幼儿欣赏盘上的意境画，帮助幼儿进一步理解古诗。

②教师要引导幼儿尝试用唱读的方法朗诵古诗。

（9）变化延伸：

①古诗内容可以更换。

②可设计古词欣赏材料。

③内容可以换成古词。

（10）活动反思：

①欣赏盘上有朗朗上口的古诗，易于幼儿理解，教师一定要引导幼儿先

欣赏盘上的图画，再指读盘上的古诗。

②在幼儿粘贴古诗句时，教师要引导幼儿遵循先把诗句对应原诗句再进行粘贴的原则，以免造成诗句顺序的紊乱，降低幼儿对材料的兴趣。

③当幼儿完成所有材料操作后，教师一定要让幼儿完整、正确地指读古诗。同时，教师要了解每个幼儿在语言领域的发展水平及发展需要，为后续提供材料寻找依据。

第三章
教师对幼儿的支持

在探索区域材料的过程中，幼儿会自主地选择自己需要的材料或自己特别感兴趣的材料进行自由的研究。因此，在区域活动中，大部分幼儿进行的是差异性学习与探究，他们一般是借助材料的引导性独立操作并有所发现，虽然其探索是基于每一份材料中能指引幼儿独自操作的"各类"引导标识，但这些引导标识只是部分代替教师的指导。由于幼儿的学习习惯、活动节奏、认知能力各有不同，因此教师的指导在区域活动中有着不可代替的重要性。在区域活动开展过程中，教师面前的幼儿不再是原来"集体教学"中整齐划一的幼儿，而是真正处于个别化活动、差异化活动中的不同个体，这就需要教师全面、细致地观察每个幼儿的活动情况，随时发现、分析每个幼儿出现的问题，然后进行反思、判断，根据不同幼儿的需要提供科学有效的支持。同时，教师在采取支持行动时，不能以单次活动为周期，而应该在一段时间内持续地在某一区域观察与追踪，并纵向地进行前后对比，从中发现幼儿的进步与仍需提高的地方，从而提供有效的持续支持。

第一节 单次活动中教师的支持

区域活动开展过程中教师的支持,与集体教学有着很大的差异。区域活动中的教师扮演着幼儿活动背后支持者的角色,是在幼儿需要帮助时才出现的引导者,是幼儿遇到困难时的合作者,也是幼儿获得成功时的喝彩者。当幼儿顺利地进行自主操作与独立探究时,教师只需要对幼儿适时地进行观察;而当幼儿真正有需要时,教师对幼儿的区域学习要提供"画龙点睛"式的支持。教师在提供支持时,需要分析幼儿遇到的问题,并根据不同的情况采取不同的支持方式。下面我们分别对小班、中班和大班的一个语言区域活动进行分析,介绍教师对幼儿的不同支持方式,从而引导读者了解在区域活动中,针对不同能力的幼儿,教师是如何为他们提供支持,促进他们的个性化学习及差异化发展的。

一、小班案例分析

下面我们为读者呈现的是小班幼儿探索语言区材料"小动物喜欢吃……"的活动情况。为了向读者展现幼儿活动时的状态、遇到的问题以及教师采取的支持策略等,在现有录像的基础上,我们运用文字进行了详细的描述。教师在活动后,根据现场情况及录像对活动过程、教师行为、幼儿操作进行了相关的反思与总结,科学地分析了幼儿活动中的行为,并找出了幼儿行为产生的原因。教师进一步运用正确而科学的策略来支持幼儿的后续行动,从而实现区域活动的良性循环,促使幼儿持续地发展。

(一)幼儿班级:小班

(二)材料名称:"小动物喜欢吃……"

（三）材料来源：《纲要》中语言领域"内容与要求"第3条"鼓励幼儿大胆、清楚地表达自己的想法和感受，尝试说明、描述简单的事物或过程，发展语言表达能力和思维能力"

（四）活动实录（见表3-1）

表3-1 小班幼儿语言区活动实录表

活动内容	幼儿行为	教师策略
幼儿进入语言区选择活动材料	幼儿在语言区、数学区两个相邻区域徘徊，同时反复观察其他幼儿选择的材料，持续时间大约为3分钟	教师在幼儿身后默默地观察，判断是否需要提供支持，并考虑介入的时间
幼儿仍然在选择材料	幼儿在语言区徘徊，对自己需要拿什么材料感到犹豫	教师找到幼儿，询问幼儿想做什么，探索过哪些材料。听完回答后，教师根据幼儿的讲述及自己前期对幼儿的了解，引导幼儿选择一份材料
幼儿取材料到地毯上坐好，准备探索材料	幼儿同意教师的意见，并在教师的引导下取出教师推荐的材料，坐到地毯上，先按教师的建议观察材料，然后观察教师操作	教师先让幼儿观察材料，并演示操作部分材料，同时引导幼儿观察材料，了解材料，学会材料的操作方法
幼儿操作材料，教师在旁边观察、记录幼儿的行为	幼儿操作材料，但仍然希望得到教师的帮助，不时寻求支持	教师陪伴幼儿，观察幼儿，当幼儿有需要时就给幼儿提供及时的支持
幼儿进行句卡的粘贴	幼儿能根据句卡上的图片提示进行对应粘贴，但不明白句卡上的文字意义。在教师引导下，幼儿完成了几种动物的文图匹配操作	教师观察幼儿，发现幼儿对文字意义的理解存在困难，及时通过提问让幼儿明白了文字的意义

续表

活动内容	幼儿行为	教师策略
幼儿完成操作，教师给予鼓励，针对活动给出评价	幼儿完成所有操作，并将完成的记录单展示给教师看	教师拿着记录单，对照材料点评幼儿的操作及记录单上的优点与不足
教师带幼儿到语言区，引导并鼓励幼儿下一次自己独立选择材料	幼儿收拾材料并将材料送回原来的位置，然后回到教师身边	教师引导幼儿到语言区，请幼儿观察还有哪些材料没操作过，并指出几份能促使幼儿进一步发展的材料，鼓励幼儿下次活动时自主进行选择

（五）幼儿发展与教师支持

1. 幼儿学习品质分析

（1）针对幼儿发展的研究

上述案例中的幼儿处于小班第一学期，虽然他们已有两个月左右的区域探索经验，但由于他们刚走出家门，来到幼儿园这个社会性的大环境中，其独立性和自主性有明显的不足，尤其在区域活动中，他们各方面的学习品质都需要培养，如自主选择材料、独立操作材料、在活动过程中的专注力和意志力等方面。

（2）基于教师行为的分析

由于幼儿进入幼儿园时间不久，不能独立选择、确定自己需要的材料，师幼之间的信任还没有完全建立，因此在幼儿无从选择也没有寻求帮助的情况下，教师应及时地出现在幼儿身边，针对其问题，通过提问了解幼儿的发展水平，引导他进行材料选择。在指导幼儿（见图3-1）时，教师只是给予必要的支持（部分材料的操作示范）。在小班幼儿开展区域活动的初始期，教师这种选择性的示范，既

图3-1 教师指导幼儿探索材料

能让幼儿明白材料的内涵,又能让幼儿产生探索的愿望,并满足他们的探索需要。这是逐步培养幼儿独立完成活动的基础,很好地满足了小班幼儿的心理需求,让他们在半支持过程中,培养各种良好的学习品质,同时获得知识、能力等方面的发展。

2. 幼儿领域发展分析

(1) 针对幼儿发展的研究

幼儿能在日常生活中简单地表达自己的想法,但在阐述同伴的愿望和想法时,仍有一些不足。因此,教师引导幼儿探索"小动物喜欢吃……"的材料,期望幼儿能借此提高语言表达能力。

(2) 基于教师行为的分析

教师能根据该幼儿前期的活动经验,结合问题引导法,发现幼儿当前的发展需要,选择适宜、适时、适量的指导方式,让幼儿获得经验,发展能力,并及时通过鼓励、表扬等让幼儿发现"我能行",为培养幼儿良好的学习品质奠定了基础。教师还能在活动中和活动后及时反思、总结幼儿的活动,根据自己的反思与分析找到支持幼儿下一步发展的策略,鼓励幼儿在后续活动中选择新材料来开展探究。

二、中班案例分析

中班幼儿经过为期一年的幼儿园生活与活动,各方面的能力都有了提升,尤其是参与区域活动的能力得到了极大的提高。在中班幼儿参与语言区活动时,教师更应该将较多的时间用于观察幼儿的活动,并在观察的同时发现每个幼儿的发展差异。中班教师对幼儿区域活动的支持案例是在小班的基础上选取的。该案例更具有层次性和系列性,有助于读者对小班幼儿和中班幼儿在语言区活动中的行为进行比较,了解小班、中班幼儿发展水平的变化,更为科学地把握小班幼儿、中班幼儿在语言领域中的发展趋势。这样有利于教师在以后的教学实践中采取不同的支持策略,真正促进班级的幼儿在区域活动中的个性化发展。

（一）幼儿班级：中班

（二）材料名称：认读蔬菜名称

（三）材料来源：《纲要》中语言领域"内容与要求"第5条"培养幼儿对生活中常见的简单标记和文字符号的兴趣"

（四）活动实录（见表3-2）

表3-2 中班幼儿语言区活动实录表

活动内容	幼儿行为	教师策略
幼儿到语言区选择材料	幼儿主动到语言区选择材料，在"认读蔬菜名称"与"认读交通工具"两分材料之间做出抉择	教师在幼儿身后观察，了解幼儿是否需要帮助与支持
	幼儿经过考虑后，选择了"认读蔬菜名称"这一材料	
幼儿观察并探索材料，教师在幼儿旁边走动观察	幼儿快速到地毯前坐下，逐一取出材料，并观察了解材料，尝试操作材料	教师在该幼儿旁边指导另一个幼儿活动，并悄悄观察该幼儿的需要
幼儿遇到问题，示意教师自己需要帮助，教师坐到幼儿的身边	幼儿观察并摆放好材料后，将小购物车、蔬菜实物、字卡一一配对后，反复思考后续的操作，然后举手示意教师自己需要帮助	在旁边指导其他幼儿的教师，看到该幼儿举手示意后，走到他身边，悄悄询问：你需要帮助吗？
教师与幼儿合作，让幼儿了解材料后续的操作方法	幼儿通过教师的引导观看购物车中的实物，理解了字卡上文字的意义，并尝试读出字卡上的文字。幼儿学会材料的操作方法并理解材料的内涵	教师让幼儿观察材料，理解购物车中物品的名称，并让幼儿思考放在购物车上的文字如果是这种蔬菜的名称，它应该怎样读，并鼓励幼儿尝试着读出蔬菜的名称
幼儿继续探索材料直至完成探索	幼儿继续探索材料，并根据记录单上的提示，认真完成记录单	教师在活动室巡回观察，了解幼儿

续表

活动内容	幼儿行为	教师策略
幼儿完成操作并整理材料，教师对幼儿的记录单进行分析	幼儿完成全部操作后，整理好材料并放回活动柜。在教师引导下，幼儿尝试着读出记录单上的文字，然后继续寻找后续活动材料	教师找出幼儿完成的记录单，拿到幼儿面前，请幼儿再次读一读上面的文字，然后在记录单上书写分析意见，并思考幼儿后续的活动材料

（五）幼儿发展与教师支持

1. 幼儿学习品质分析

（1）针对幼儿发展的研究

中班幼儿经过一年的学习和生活，在自主选择材料和独立操作材料方面的能力都有了明显的提高。在开展区域活动时，他们一般会根据自己的兴趣制订活动计划，并且有了一定的执行计划的能力。当他们在探索中遇到解决不了的问题时，他们克服困难的意识有所提高，并会主动寻求教师的帮助，直到任务完成。

（2）基于教师行为的分析

教师基于对中班幼儿在区域活动中各方面能力的分析，在活动前期会用部分时间观察幼儿，看看幼儿在选择材料、探究材料等过程中的情况，然后根据幼儿具体的活动状况来决定是否干预幼儿的活动。大多数时候，教师在幼儿旁边默默地观察。当幼儿明确表示自己需要帮助时，教师才走到幼儿的身边。根据中班幼儿的发展水平，教师在后续过程中一直扮演着幼儿合作伙伴的角色，与幼儿一起探索材料，并通过简洁的点评让幼儿明白材料的内涵，丰富幼儿的知识结构，也为幼儿继续独立操作材料奠定了基础。

2. 幼儿领域发展分析

（1）针对幼儿发展的研究

幼儿通过在语言区操作这份材料，进行实物、图片和文字的匹配，初步激发了对文字和符号的兴趣，为后期在生活中关注文字和符号奠定了基础。

（2）基于教师行为的分析

教师能根据幼儿在材料探索中的表现及其能力发展，适时地在幼儿难以继续操作时，以合作者的身份与幼儿共同探索材料（见图3-2），激发了幼儿对语言领域新知识点的兴趣。同时，教师通过对关键信息的点拨，进一步让幼儿理解了材料的内涵，为幼儿后续进行类似的材料探索指明了方法。幼儿探索结束后，教师能及时地分析幼儿的记录单，并思考幼儿后续发展的支持材料，有助于幼儿语言能力的进一步发展。

图3-2 教师引导幼儿探索

三、大班案例分析

大班幼儿对区域材料的探究，已经从基本的操作材料，上升到了在区域活动中对材料进行深度学习与探索。教师选择区域活动支持策略时，在小班、中班支持策略的基础上，还要考虑到大班幼儿将进入小学，面临幼小衔接方面的任务，因此，教师应该特别注重幼儿学习品质的培养。下面我们选择了一份与中国传统文化有关的"四季成语"材料，通过幼儿在区域活动中对材料进行操作的记录，了解幼儿在活动中的各种行为和现象，据此开展有效的活动，然后进行反思和分析，深层次地观察幼儿、了解幼儿，并根据幼儿最新的发展状况为他们后续活动的开展提供更好的、更有效的支持，最终促进幼儿的全面发展。

（一）幼儿班级：大班

（二）材料名称：四季成语

（三）材料来源：《纲要》中语言领域"内容与要求"第4条"引导幼儿接触优秀的儿童文学作品，使之感受语言的丰富和优美，并通过多种活动帮助幼儿加深对作品的体验和理解"

(四)活动实录（见表 3-3）

表 3-3　大班幼儿语言区活动实录表

活动内容	幼儿行为	教师策略
幼儿自主地选择语言区材料	幼儿目标明确地到语言区，找到自己事先选定的材料"四季成语"	教师从活动室里的一个可以看到全部幼儿的角度，观察了解所有幼儿的活动，并不时地帮助提出问题的幼儿，协调幼儿之间的关系
幼儿开始尝试探索材料	幼儿从托盘中逐一取出活动材料，在观察了解材料后，开始尝试探索材料	教师在活动室巡视，观察到出现常规问题或幼儿需要帮助等情况后，给幼儿提供支持
幼儿在操作材料时遇到了困难	幼儿在将字卡与图片对应摆放的过程中，没有找到对应点，无法独立完成后续操作，寻求旁边同伴的帮助	教师发现幼儿的困难，但没有介入，观察幼儿怎样解决问题
	幼儿与同伴研究后，仍然没有找到操作方法，举手示意教师自己需要帮助	教师看到幼儿示意后，走到幼儿旁边坐下，询问原因
教师与幼儿合作探索材料	幼儿在教师的引导下，观察材料的画面与字卡，并尝试寻找两者之间的关系	教师引导幼儿观察春季画面，又引导幼儿观察"春回大地"的字卡，让幼儿思考两者有什么共同的地方
幼儿继续操作材料	幼儿根据教师之前的引导，继续操作材料，顺利完成整个材料的操作后，在记录单上完成记录	教师边指导其他幼儿，边观察这个幼儿的活动情况
幼儿收集整理材料并与教师互动	教师观察幼儿，并分析幼儿在操作过程中出现的错误，及时与幼儿互动，指出遇到问题要学会用多种方法来解决，并鼓励幼儿挑战新材料的操作	幼儿收好材料，将记录单放回自己的盒子里

（五）幼儿发展与教师支持

1. 幼儿学习品质分析

（1）针对幼儿发展的研究

本案例记录的大班幼儿已有两年的区域活动经验。相对于中、小班幼儿来说，大班幼儿无论是选择材料还是探索材料，都更加独立、自主，他们会有目的、有计划地选择符合自己的发展需要或自己特别感兴趣的活动材料。在活动中，他们喜欢与同伴合作探索材料，当有新材料出现时，他们也会观察同伴操作，聆听区域活动讲评时同伴的介绍。这些使他们对未操作的材料有一定程度的了解。借助于材料的引导性，一般情况下，大班幼儿都能克服困难，认真专注地、富有创造力与想象力地独立完成材料的探索。

（2）基于教师行为的分析

依据大班幼儿的区域活动探索特征，教师在活动中的大部分时间只是作为幼儿背后的支持者出现，她会选择在不影响幼儿独立探索的地方，进行全面而细致的观察，了解、分析每一个幼儿的活动情况。当幼儿遇到突破不了的问题时，她会及时地针对不同幼儿的不同情况，适时、适宜且有针对性地引导幼儿，以鼓励的方式，促进幼儿的独立探索，并在幼儿成功地完成活动后，及时地鼓励幼儿并为幼儿的后续活动提供支持。

图 3-3　教师与幼儿经验提升

2. 幼儿领域发展分析

（1）针对幼儿发展的研究

大班幼儿对文字和符号有了一定的了解，教师以成语为内容而设计的活动，加深了幼儿对传统文化的认识。幼儿在活动中出现的问题说明，教师需要在后续活动中培养幼儿对细节的观察能力。

（2）基于教师行为的分析

教师能根据该幼儿自我探索、和同伴合作探索都未成功的情况，及时发现幼儿在观察与匹配能力上的不足，并进行有针对性的指导。通过后续一对

一的观察,教师发现问题已得到解决时才离开幼儿。在幼儿填写记录单后,教师单独找到该幼儿,重新分析探索过程中的问题,激励幼儿挑战符合其最近发展区的后续活动材料。

第二节　语言区学习故事

　　区域活动能关注班级幼儿学习与发展的整体性,又能尊重每一个幼儿发展的差异性;既有助于理解幼儿的学习方式和特点,又能培养幼儿的良好学习品质。区域活动之所以能让有不同兴趣、不同爱好、不同需要的幼儿在同一时间得到不同的满足,是由区域材料的层次性和丰富性等因素来决定的。因此,在区域活动中观察幼儿的活动过程,适时地提供有针对性的指导,并在活动后对幼儿活动进行科学的分析,思考每个幼儿的后续发展,精准地发现能支持其后续发展的合理材料,是每个教师都应具备的基本能力。

　　教师要把区域材料的投放与研究作为区域活动材料研究的重点,成为幼儿活动的支持者、合作者、引导者,就需要观察、反思、评价班级幼儿不同的认知水平、能力发展、兴趣爱好,根据每个幼儿的最近发展区,及时地调整、更新材料,为幼儿的成长提供"支架"。究竟怎样做呢?下面我们以语言区为例,详细地描述教师怎样在区域活动中观察、评价幼儿,为幼儿及时提供材料支撑,促进幼儿的个性化成长。

一、教师记录方法

　　通过区域活动中的个别化学习,幼儿与幼儿之间在知识、能力、情感等方面会出现一定的差异。在进行此类记录时,教师应找出幼儿之间的不同,并针对每一个个体的具体差异来开展有效的追踪观察、科学记录、综合评价,然后对所观察的幼儿提出更高的期望,制作并提供有效的区或材料,以确保每一个幼儿的语言能力在其原有基础上得到提升。

(一)情况分析

关于幼儿的语言能力,曾经有科学家指出,女孩的语言能力强于男孩,这一观点针对的是性别上的差异,而同一性别的不同幼儿由于年龄的不同,语言能力也会存在差异。另外,每个幼儿的个人喜好会增大这种差异。总之,各种原因的出现使幼儿的语言能力与水平千差万别。为了提高记录的准确性,特别是为了提高记录的有效性,教师一定要在记录学习故事之前对跟踪对象进行有关语言领域能力的综合分析,找出该幼儿当前在语言方面的"最近发展区",有目的、有计划地对幼儿的发展提出科学的"期望",以增强后期教育行为的意义。

(二)记录时间

学习故事中的记录时间分为周期记录时间和当次记录时间。

1. 周期记录时间

周期记录分为两种:一种是以幼儿三年在园时间为周期,对幼儿在语言区的活动情况进行整体追踪记录;另一种是针对幼儿在语言领域某一方面需要特别加强的地方有目的地持续追踪记录。第一种类型的记录因为是针对整个语言领域的,而且持续时间较长、内容较多,所以教师在记录过程中需要根据《纲要》和《指南》里提出的教育内容,条理清晰地对幼儿的活动进行分类记录,使幼儿在园期间语言领域的发展留下清楚的记录轨迹。如果进行第二种类型的记录,教师就要根据幼儿的具体情况制订相应的计划,按照计划进行观察、记录、分析、反思,并随着幼儿的发展变化,及时地调整计划与记录方法。教师通过记录的学习故事,可使幼儿在语言领域有所突破,促进其语言方面的能力均衡发展。

2. 当次记录时间

当次记录时间是指幼儿在语言区中进行一次活动的时间,更准确地说是幼儿探索一份语言区材料所需要的时间。它涉及幼儿从计划选择某一份语言区材料开始，到完全操作完成这份材料，以及教师根据幼儿在当次材料探索中遇到的情况进行总结、反思，并提出相关的后期发展预设这整个过程。在这一过程中，幼儿探索材料涉及的所有文字、图像、表格等资料所用的时间，都应纳入当次记录时间范畴之内。

（三）记录内容

学习故事由活动现场记录、教师观察描述、教师评价过程、下一步发展建议、支架发展材料等多方面的内容组成。

1. 活动现场记录

语言区活动现场记录可以采用搜集幼儿活动过程中的作品、教师拍照或录像、写教学日志、设计图表记录等多种记录方法。教师在选用语言区活动记录方法时，应根据幼儿探索材料的具体情况来进行，同时兼顾教师记录的方便与及时性。比如，幼儿当次选择的材料有活动记录的，教师在选择记录方法时应首选幼儿活动中的记录单。幼儿在活动中完成的记录单会真实地呈现幼儿的活动过程，使幼儿当次的活动过程实现"可视化"。而进行讲述类型活动探索的幼儿，活动后往往没法用纸张来记录，在幼儿开展这些活动时，教师最好通过拍照、录像的方式进行记录。总而言之，为了让记录更符合区域活动中的个性化学习这一鲜明的特征，教师应尽可能地选择最适宜的方法进行记录。这种大规模的、标准化的记录，能真正让学习故事具有个人特色。

2. 教师观察描述

无论教师采用图表记录形式、照片记录形式，还是音像记录形式进行语言区学习故事记录，都可以反映幼儿当时的活动情况，而且具有真实性。但幼儿在语言区活动中的一些特殊行为有可能无法反映出来，而且由于人记忆的有限性，会导致记录不够全面。要使学习故事成为后期研究的有益材料，教师应将幼儿在语言区活动过程中的某些特殊行为、表现出的特有品质或有突破性的某些方面，借用语言的描述进行详细的记录，为后期查找资料提供具体而翔实的依据。

3. 教师评价过程

在单次活动记录中，教师应对幼儿的活动过程进行科学而真实的评价。对幼儿开展评价，应从情感、态度、能力、知识四个方面进行。无论教师开展哪方面的评价，都应本着客观、真实的原则，实事求是地评价每一个幼儿及幼儿的相关活动。

4. 下一步发展建议

记录幼儿在语言区的学习故事，其作用是让教师通过观察、分析来了解幼儿的发展水平，提高教师的专业能力，更重要的作用是，教师通过反思后的评价，为幼儿后续的语言区域活动提供更科学、更有力的支撑。教师对语言区学习故事进行记录，一定要重视对幼儿后期发展的期望。教师要在当次活动记录与分析的基础上，科学而严谨地制订出符合该幼儿实际情况的下一步发展计划，并根据提出的计划找出或制作出后期能促进幼儿发展的相关材料，以确保幼儿在下一阶段的发展中有可探索的材料，使区域活动真正促进每个幼儿的发展。

5. 支架发展材料

支架发展材料是指着眼于幼儿的最近发展区，为幼儿提供带有难度的操作材料，该材料能调动幼儿的积极性，发挥其潜能，使幼儿超越其最近发展区而达到下一发展阶段的水平。由于区域活动的个别化特点，支架某一幼儿发展的材料，因其他幼儿先于他发展，可能早已存在于班级区域活动架上。也可能该材料在教师的材料库中已存在，但还没有出现在幼儿的探索材料之中，这就需要教师找出相关材料并呈现出来，以便幼儿在后续活动中有促进其发展的材料。还有可能班级中并没有已制作好的材料，这就需要教师设计与制作出符合幼儿下一步发展需要的材料，并在幼儿下一次探索活动前提供到位，以保证幼儿的及时发展。

二、教师记录案例

下面的案例是一位一线教师在语言区活动现场，跟踪、观察某一幼儿在

某一阶段的记录，这些记录由一次次的单次记录组合而成。通过这些阶段性的周期记录，我们可以看到幼儿的成长轨迹。

（一）幼儿情况分析

观察班级：莲子 C 班

观察教师：C 老师

观察幼儿：Z 小朋友

出生日期：2011 年 11 月 13 日

入园日期：2015 年 9 月 1 日

幼儿分析：

Z 小朋友是莲子 C 班年龄比较大的幼儿，性格温和，在区域活动中的探索愿望一般，大多数情况下，她都是在材料出现一段时间后才选择材料进行探索。通过一年多的幼儿园生活和学习，她各方面的发展比较均衡，各方面的能力处于班级幼儿整体水平的中间。随着语言能力的大幅提高，Z 小朋友对语言区材料的探索兴趣有了较大的提升。

根据 Z 小朋友成长过程中所出现的敏感期特征，班级教师研究了她在语言领域的最近发展区，尽力为她准备满足其成长需要的环境及材料，在语言区基本材料的基础上，及时地制作、调整、增添能满足她发展需要的特别研究性材料，运用推荐、引导、同伴介绍等方法让她发现适宜其发展的材料，并鼓励她积极探索符合自己发展需要的材料。活动过程中，教师根据她在探索中的情况，及时书写观察记录，并进行分析，发现她在每一次活动中的优势与不足，针对优势为她制订后续的长项发展计划，针对问题找到能弥补其不足的材料以促进其能力的提高。

细致而长期的追踪记录，让教师对 Z 小朋友有了更为全面的了解，能更加有针对性地为其设计、调整、投放有效的语言区材料，从而促进她的个性化成长和全面发展。

（二）教师支持实录

活动现场记录

幼儿找到自己探索的材料，逐一取出材料并观察每一份材料，然后找到教师，寻求帮助。教师首先引导幼儿观察图片的画面内容，提出问题：画中的人在干什么？幼儿回答后，教师再引导幼儿发现材料中图片与文字的边框特征，幼儿按照特征进行图文匹配。最后，教师让幼儿进行推理，根据图中人物的动作判断这个字是什么，幼儿准确地说出了所有文字的正确读音。

教师观察描述

幼儿能根据自己的需要自主地选择适宜的材料，在独自探索有困难的情况下，能主动寻求教师的帮助，然后在教师的引导下开展材料探索，并能根据画面内容进行推理，得出正确的文字答案。从幼儿在活动区的表现来看，其已具备独立选择、独立思考、独立探索的能力。

教师评价过程

在材料探索活动中，幼儿已对文字有较敏锐的辨认能力，对文字所表达的意义也有了一定的认知。通过今天的活动，教师认为应培养幼儿独立探索材料的能力，并根据幼儿在活动中获得的知识与能力方面的经验，引导幼儿在探索词的基础上逐渐扩展到探索词组、短句及复杂句，进一步丰富幼儿的语言。

下一步发展建议

形容词

量词

填动词

……

支架发展材料

记录时间：2016-04-03　材料名称：说动词

幼儿选择语言区量词短句的活动材料,能首先观察材料,在思考材料的探索方法后,再开始材料的操作。幼儿先将有文字的数量词底板有序地摆放,接着取出实物,观察后根据材料的指引,使实物与文字对应,全部完成后轻声地、完整地读出短句。最后,幼儿到公共物品区依次取笔、垫板等材料,在记录单上完成记录。

幼儿在活动中能清晰地辨认"一个""一只"等数量词,也能正确地进行数量词与实物的匹配。该幼儿对语言中简单的数量词掌握得较好。

幼儿操作材料时思路清晰,步骤明确,已形成良好的区域材料探索习惯,在填写记录单的过程中运用笔的动作能力有待进一步提高,手部的小肌肉及精细动作还有待进一步发展。

幼儿通过前期的材料探索,在词的方面有了一定的积累,后续在增强其语言丰富性的同时,教师可为她提供语言运用与交流的平台。根据她的前书写能力不足的情况,教师可将记录单中的涂色部分重新设计,同时,鼓励幼儿探索生活区和美工区中能提高小肌肉灵活性的材料,以促进她的手部精细动作的发展,并促进其前书写能力的提升。

词语接龙

短句

动物吃什么?

……

活动现场记录

教师观察描述

教师评价过程

下一步发展建议

支架发展材料

记录时间:2016-04-29　材料名称:说量词

第三章 教师对幼儿的支持

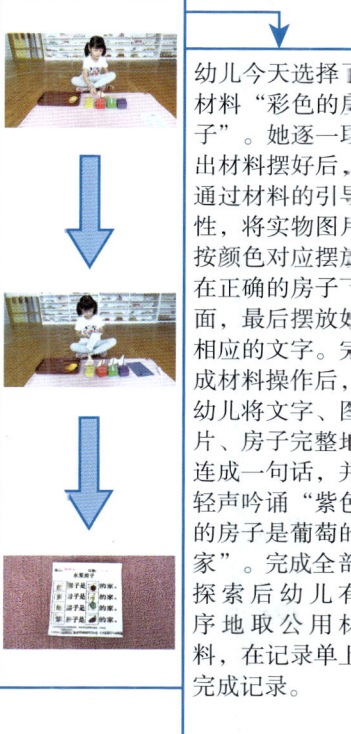

活动现场记录：幼儿今天选择了材料"彩色的房子"。她逐一取出材料摆好后，通过材料的引导性，将实物图片按颜色对应摆放在正确的房子下面，最后摆放好相应的文字。完成材料操作后，幼儿将文字、图片、房子完整地连成一句话，并轻声吟诵"紫色的房子是葡萄的家"。完成全部探索后幼儿有序地取公用材料，在记录单上完成记录。

教师观察描述：该幼儿在语言区域活动中探索材料非常有序，通过连诗句、吟诵诗句可以看出，幼儿的语言表达能力有较好的基础。在自己摆放的材料顺序与记录单上的顺序不一致的情况下，幼儿能克服干扰，用排除法有序地完成记录。目前，幼儿使用剪刀的能力强于运笔能力。她涂画的基础能力仍然有待提高。

教师评价过程：教师下一步可引导幼儿探索"娃娃怎么了""倒着说说看"等材料，让幼儿的语言能力从习得最简单的短句，提高到能了解、运用完整的句子。教师在日常活动中要关注幼儿运用完整句子的情况，培养幼儿更高层次的能力。根据幼儿在填写记录单中的不足，教师可继续引导她在材料探索中多运用手部小肌肉的精细动作。

下一步发展建议 / 支架发展材料：

娃娃怎么了

倒着说说看

我爱……

……

记录时间：2016-05-18　材料名称：彩色的房子

幼儿园语言区材料设计与评价

活动现场记录

教师观察描述：今天，幼儿选择了材料"游乐场里"。操作前，她几次观察并独立摆放材料，由于不确定该怎样操作材料，她示意教师自己需要帮助。教师随即与她一起分析材料，使她确认自己之前的探索方式是正确的，并明确材料的真正意义。教师离开后，她独立完成了材料的探索，并根据探索过程在记录单上完成了记录工作。

教师评价过程：幼儿今天探索材料时，能在遇到困惑后主动寻求教师的帮助。通过教师的引导，经过独立思考后，幼儿能目标明确地完成材料探索，在前期了解完整语句、运用完整语句的基础上，又学习了语言区中的排比句。探索活动中的积累，进一步丰富了幼儿的语言，为后期幼儿的语言讲述打下了一定的基础。

下一步发展建议：根据幼儿现有的发展水平，可引导她与同伴合作探索"我说你画""我说你做"等语言区材料。通过合作性的语言材料，与同伴交流，在丰富幼儿语言的同时，可提高幼儿的语言表达能力和语言沟通能力，让丰富的语言真正成为幼儿与人交往的有效工具。

支架发展材料：

我说你画

我说你做

手偶剧场

……

记录时间：2016-07-01　　材料名称：游乐场里

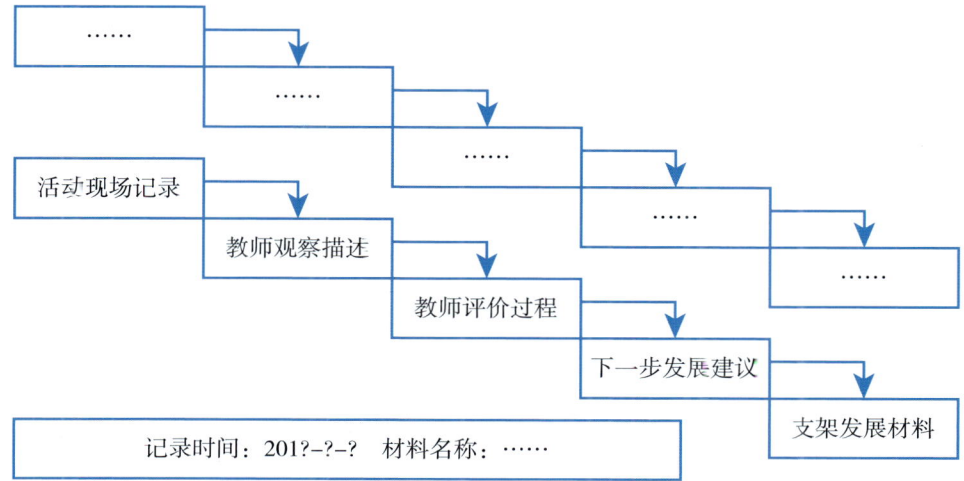

本成长案例是从莲子C班Z小朋友的个人成长档案中摘录的。为了更清晰地展现并说明探索区域材料可以持续地促进幼儿某方面能力的发展，教师选择了该幼儿在某一阶段的记录作为代表，来呈现这一周期中幼儿与材料的互动过程，通过教师的观察、反思、评价等教育行为，以及教师诊断后为幼儿提供的支架发展材料等多方面的信息，来展现在幼儿园课程中幼儿如何选择并探索区域中的活动材料。以上记录的是2016年4月到2016年7月期间，Z小朋友在语言区探索的有代表性的部分案例。在她的成长档案中，这一阶段还存有她探索语言区以外的其他区域材料的记录。为了使记录线索更为清晰、明确，在此教师只摘取了语言区的案例，其他区域的记录不再一一呈现。

第四章
语言区活动评价

《指南》"说明"中指出:"尊重幼儿发展的个体差异……要充分理解和尊重幼儿发展进程中的个别差异,支持和引导他们从原有水平向更高水平发展……切忌用一把'尺子'衡量所有幼儿。"所以,教师在观察、分析、评价幼儿时,应考虑每个幼儿的个性特点,尤其在评价方面,更应做出有针对性的、科学的、适宜的正确评价,为幼儿后续的活动提供最真实有效的依据。评价在语言区域活动中也有着非常重要的意义,它与语言区环境、材料、教师指导等合为一体,是促进幼儿发展最重要的支撑。

《幼儿园区域活动——环境创设与活动设计方法》一书中曾经提出:语言区的活动是以发展幼儿的听、说、读、写能力为基本线索,依据由浅入深、由易到难、由简单到丰富的层次递进,幼儿通过视听、跟读或操作材料,在自主学习的过程中获得语言能力的发展。因此,在语言区域活动中对幼儿进行科学的、适宜的评价,能够有效地为教师指导幼儿提供参考,并引导幼儿主动参与、交流合作、解决问题和提升经验。在开展语言区域活动评价中,我们是围绕评价方式和评价对象两个视角来开展的。如果以文字或符号等材料为主开展评价,教师更多的是考虑采取实时文字记录、表格的方式,对幼儿进行全面观察和分析,使评价方式具有多样性、实效性。如果以幼儿合作交流等的资料为主开展评价,教师主要采用拍照和拍摄视频等多种方式进行记录评价,更好地呈现幼儿在语言区域中的活动状态及行为,使评价更为动态化、真实化。

无论采取哪种方式开展评价,教师都会关注幼儿的情感、坚持性、专注力以及探索欲望等非智力因素的发展和培养,通过正确的评价,及时地调整区域材料及活动方式,为幼儿提供强有力的后续支持,使其形成良好的学习品质。

第一节　语言区材料评价方式

区域材料是体现区域活动教育价值的载体，幼儿的语言可以在他们不断与材料互动中得到发展。因此在开展区域课程评价时，教师不仅要以幼儿为对象，更要以材料为对象进行评价。

在评价语言区材料时，教师要根据《纲要》的要求以及幼儿的兴趣、发展水平，对材料的设计、投放进行考量，比如，材料的设计中是否体现了材料的多样性、层次性、操作性，材料是否具有情境性、吸引性、适宜性，材料能否满足不同幼儿的需求，等等。当教师对语言区材料有了科学的分析、评价之后，可根据所获得的评析数据，有效地将班级幼儿的个体发展差异及适宜的操作材料有机结合起来，及时对材料进行动态化的调整，并以调整后的材料为媒介，向幼儿传递新的学习信息。这种新型的评价方式能够把传统的教师传授知识的模式演变为幼儿在与材料互动中学习的模式，最大限度地发挥区域活动课程的作用。

一、语言区材料的评价内容

教师在语言区为发展水平各异的幼儿提供适宜的区域材料，让幼儿通过操作各种学习材料进行探索、体验、尝试，从而独立完成学习任务，在操作性学习的过程中使幼儿获取知识，解决问题，促进良好个性品质的发展。因此，教师对语言区单份材料的评价主要从"材料设计的适宜性""材料的中国化特点""幼儿所获得的发展""后续材料的提供"等方面开展。

（一）材料设计的适宜性

材料设计的适宜性主要指向以下几大指标：是否具有强烈的可操作性，是否具有激励幼儿学习语言的引导性，是否最大限度地尊重幼儿的个别差异，等等。

评价单份材料是否具有强烈的可操作性，应该从材料的性质和结构两个方面进行甄别。材料按性质可分为原始材料、成品材料和半成品材料。半成品材料的可操作性比较强，都经过教师的后期加工，材料中融入了教育目标和教育意图，具有一定的开放性和探究性，幼儿需要经过思考、创造才能将其制成成品。材料按结构可分为高结构材料、低结构材料和无结构材料。高结构材料有统一的规则与玩法，玩法单一、结果一致；无结构材料会让幼儿的操作没有目的性，失去教育的意义；低结构材料大多源自幼儿的生活，幼儿在操作的过程中可充分发挥自己的想象力和创造力，使他们的主观能动性获得发展。因此，半成品材料和低结构材料符合可操作性方面的要求。

材料的引导性是体现语言区材料的教育性和科学性的重要因素。在设计材料时将明确的教育目标、教育指导融入材料当中，才能真正保证教育目标的实现，达到"材料是幼儿的无声教师"的效果。评估区域材料是否具有激励幼儿学习语言的引导性，主要从以下几个方面进行：在听、说的材料中，教师通过创设情境来引导幼儿倾听与表达，丰富词汇，提高语言表达技巧；在读、写的材料中，教师为幼儿提供适宜的图片、文具及阅读资料，引导幼儿对文学作品、文字和字体结构产生探究的兴趣，满足幼儿认读文字和书写的需要。比如，在中班听、说材料"小美食家"的设计与制作中，教师以一本立体美食图书作为载体进行材料的再次开发，巧妙地添加了一些能引导幼儿进行正确操作的元素，包括在每页立体美食图片的下方添加相应的文字卡片，文字卡片分为大小不一的两套，卡片中的文字字体一致，文字卡片的边框颜色一致，幼儿操作时，能够在字体形状及边框颜色的引导下独立完成图书认读、字卡匹配及图文对立等操作，从而达到自主探究性学习与自我检查修正的良好效果。

幼儿在语言区的活动是极具自主性的，幼儿按照自己的发展需要自主选择活动内容和活动材料，材料的难度以及操作强度都由自己掌握。因此，教师在材料的设计中应该了解幼儿的发展经验，最大限度地尊重幼儿的个别差异，为幼儿提供有层次性的材料。材料的层次性分为各年龄段材料的层次性、同年龄段材料的层次性和同一目标下材料的层次性。以材料"装饰文字"为例，各年龄段层次不一，由易到难，小班提供材料"印章装饰文字"和"皱纹纸装饰文字"，中班提供材料"画笔装饰文字"和"即时贴装饰文字"，大班提供材料"扎文字"和"拓印文字笔画"。从各年龄段提供的材料中不难看出，难度是层层递进的。在中班语言区的"词语"单元，目标同为认识词语、学说词语、丰富词汇，但是为了充分尊重幼儿的个体差异，满足不同层次幼儿的需求，教师为这一单元设计了认识名词、说形容词和反义词、词语接龙、听音找方位等多个层次的材料，这种材料的提供，既能促进班级幼儿的整体发展，又能满足个别幼儿的特殊需求。

（二）材料的中国化特点

中国的传统文化博大精深，源远流长。教师作为区域资源的主要开拓者，在评估"材料是否具有中国化特点"时，应该从以下几个方面进行考量：首先，语言区材料的设计是否充分挖掘和利用了中国或各地区的传统文化资源；其次，教师在设计材料的过程中是否做到了巧妙地将中国传统文化与幼儿的语言学习相结合；最后，教师设计出的材料是否具有中国特色或地域特色，真正体现了材料的中国传统文化及本土文化的特征。如：在小班语言区材料中，教师根据幼儿的年龄特点与实际需求设计出了具有中国特色的古诗《咏鹅》、现代诗歌《小小的船》及以竹简为载体的绕口令等材料，这些语言内容易读易懂、朗朗上口。教师为中班幼儿设计出了《西游记》人物小书、卷轴古诗《画》、指偶小剧场等活动材料，这些材料能充分体现出本年龄段幼儿的语言学习兴趣、爱好及特点。教师为大班幼儿设计出了文字的演变、中国书法、对联、歇后语、四季屏风等系列材料，从不同的角度体现出传承与发扬中国传统文化的特征。

（三）幼儿所获得的发展

在语言区材料的评价体系中，幼儿操作材料是否获得了发展成为重要的评价指标。评价幼儿发展的内容包含对材料的情感、工作时的态度、各方面能力的展示、相关知识经验的丰富、技能的获得五个方面。关于幼儿在与材料互动中获得的发展这方面的数据一般涉及以下内容：教师观察记录幼儿与材料的互动频率，幼儿对材料的喜好程度，幼儿自主学习的过程，操作材料的专注度及操作过程顺利与否，解决问题的能力，等等。教师以文字、图片、表格、数字等不同的记录形式获取相关数据，将幼儿最近一次的评价数据与前期的数据进行比对、分析，最终得出关于幼儿发展程度的结果。例如，教师观察幼儿在语言区的操作，在单位时间内对一名幼儿进行追踪观察，记录下相关内容：首先，观察此幼儿在本次区域活动的单位时间内选择的是不是同系列的操作活动（如连续操作有关"听、说"的材料），这是评价幼儿知识和能力的发展是否具有一定的系统性和连续性的要素；其次，观察幼儿能否长时间地专注于操作，不被周围的事物干扰，这是对幼儿学习的内在动机、好奇心、参与性、执行力、专注度等方面的评价；再次，观察幼儿能否在同系列"听、说"材料中多次运用已有的相关经验，这是对幼儿解决问题的灵活性、自我调节能力和坚持性等方面的评价；最后，观察幼儿能否按照指示完成记录单，通过记录单的完成质量来评价幼儿的任务意识、知识的迁移等。有了以上四点的全面观察与评析，教师就能够准确地判断出幼儿在与材料的互动中所获得的发展。

（四）后续材料的提供

幼儿自主选择语言区材料进行区域活动时，教师及时记录班上的幼儿与语言区每一份材料的互动情况，通过若干次的记录对语言区中幼儿与之互动频率最高的材料、幼儿能够自主完成操作的材料、幼儿操作成功率较高的材料等进行归类与分析。在此过程中，教师及时发现材料设计中的优势和存在的不足，分析出最适宜的材料以及需要调整和改进的材料，通过适时、适度、适量、合理的材料调整与完善来支持幼儿的学习，帮助幼儿在区域活动中获得持续性发展。

为了更好地支持幼儿的后续学习，在提供后续材料时，教师应该把握好材料调整的几个依据：首先，在幼儿操作材料的过程中，教师发现材料本身存在的不足，需要进行完善；其次，当班上的大部分幼儿对某一份材料失去兴趣、不愿意再选择的时候，教师应该考虑重新设计一份新材料投放到区域中；最后，当班上的幼儿频频更换区域材料的时候，教师应该反思这份材料对于幼儿的难易程度，过于简单的材料不利于幼儿的探究性学习，难度过大的材料又会让幼儿失去自信心和成就感。基于以上所列的种种因素，教师在提供后续材料时应该采取不同的调整策略，做到随机性与整体性相结合，保证最佳的调整时间和最适宜的调整范围。如：当小班教师遇到个别幼儿的语言发展特别超前，班上的语言区材料已经不能满足其需要时，教师会随机调整材料，有针对性地投放几份难度偏高的材料以满足其需要；当教师发现语言区的大部分材料对幼儿已失去吸引力时，应该考虑整体调整材料，在语言区投放一批新的有挑战性的材料来满足幼儿的集体性需求，以促进幼儿整体的认知能力和语言发展水平的提高。

下面是小、中、大班幼儿语言区材料评价表（见表4-1、表4-2、表4-3）。

表 4-1　小班幼儿语言区材料评价表

评价内容 材料名称	材料设计的适宜性	材料的中国化特点	幼儿所获得的发展	后续材料的提供
印章装饰文字				
皱纹纸装饰文字				
量词				
《我的一家》小书				
春之书				
看图说动词				
小动物喜欢吃……				
动物的家				
小美食家				
好看的房子				
我爱妈妈				
小猪变干净了				
古诗《咏鹅》				
诗歌《小小的船》				
竹简绕口令				
……				

表 4–2　中班幼儿语言区材料评价表

评价内容 材料名称	材料设计的 适宜性	材料的中国化 特点	幼儿所获得的 发展	后续材料的 提供
画笔装饰文字				
即时贴装饰文字				
钓鱼				
反义词				
形容词				
词语接龙				
学说你我他				
《西游记》人物小书				
听音找方位				
组成一句话				
小动物在干什么				
看一看，说一说				
《拔萝卜》小书				
指偶小剧场				
绕口令				
古诗《静夜思》				
卷轴古诗《画》				
……				

表 4-3　大班幼儿语言区材料评价表

评价内容 材料名称	材料设计的 适宜性	材料的中国化 特点	幼儿所获得的 发展	后续材料的 提供
扎文字				
拓印文字笔画				
偏旁花				
笔画小书				
书法				
猜字游戏				
文字的演变				
成语				
关联词说话				
夏天到				
歇后语				
司马光砸缸				
井底之蛙				
壁虎借尾巴				
猜谜语				
贴对联				
四季屏风				
欣赏古诗三首				
……				

二、大班语言区材料评价表举例

在以上章节中,我们对语言区的材料评价内容进行了详细的阐述,接下来,将呈现一份莲花二村幼儿园某大班教师记录下的完整语言区材料评价表(见表4-4)。教师按照表格的要求,从材料设计的适宜性、材料的中国化特点、幼儿所获得的发展、后续材料的提供等四个方面全面地记录了班级幼儿在操作语言区材料的过程中所反馈的真实情况。从这份完整的教师观察记录中,我们能够分析出材料的可操作性、引导性和个别化学习特点,幼儿对材料的喜爱程度及互动强度,中国传统文学语言的特色及对幼儿各种能力发展的促进作用,后续材料的调整与提供策略,等等,从而达到精准地、科学地评价区域材料的目的。

表 4-4 莲子 D 班幼儿语言区材料评价表

班级:莲子 D 班   幼儿人数:35 人

评价内容 材料名称	材料设计的适宜性	材料的中国化特点	幼儿所获得的发展	后续材料的提供
拓印文字笔画	材料设计新颖、科学、合理,具有可操作性	为幼儿提供的拓印工具具有中国特色	幼儿对中国文字的结构特点有了一定的认识	后续提供的笔画可复杂些
书法	材料具有操作性,幼儿喜欢尝试	毛笔、砚台、墨棒、宣纸具有中国书法的魅力	幼儿的专注力和手眼协调能力得到发展	可由最初的书写笔画发展到临摹简单的字帖
猜字游戏	以游戏的方式学习,材料设计科学、适宜	用于装材料的藤条编筐很有民族特色	幼儿在操作过程中很好地感知了文字的字体结构	可以为幼儿提供难度更高的"口"字组合

续表

评价内容 材料名称	材料设计的适宜性	材料的中国化特点	幼儿所获得的发展	后续材料的提供
文字的演变	为幼儿提供半成品材料，符合大班幼儿的学习需求	选用竹简和麻绳作为材料，具有中国本土的特点	幼儿的持久性和认读文字的能力得到了提高	可以将竹简上的内容更改为散文或古诗词
成语	材料设计立体化，画面浅显易懂，有利于幼儿理解成语的含义	成语的内容具有中国传统文化的特点	幼儿的语言表达能力得到了提高	在后续的学习中，鼓励幼儿讲述成语故事
关联词说话	选用火车的车厢作为载体很巧妙	用竹管盛放材料很有中国民俗特点	幼儿运用关联词组成句子的能力得到了发展	可以将内容拓展到其他的国粹系列，如历史人物
歇后语	材料载体来自中国传统文化，幼儿喜欢	木质的笔架和卡片扣有浓浓的中国本土特色	通过操作材料，幼儿丰富了运用语言的经验	可以将个别操作形式改变为多人问答的游戏形式
司马光砸缸	以邮票为载体设计出的材料新颖、独特	图片的封面、书模底板具有中国传统文化特色	幼儿的文学欣赏水平得到了提高	可将材料拓展为中国传统文化故事系列丛书
井底之蛙	将成语故事巧妙地设计成小书能引起幼儿的学习兴趣	与材料配套的藤制托盘和笔具有民俗特点	幼儿的语言表达能力、讲述故事的能力获得了发展	在后续的学习中可以分角色表演
壁虎借尾巴	材料富有童趣，结构设计合理	布艺小书配上中国结，有浓郁的民族风情	幼儿的听说能力得到了锻炼和提升	布艺小书的内容可以更换成其他童话故事

续表

评价内容 材料名称	材料设计的适宜性	材料的中国化特点	幼儿所获得的发展	后续材料的提供
猜谜语	材料载体来自幼儿的游戏，能够引起其探究兴趣	竹质托盘和幸运瓶具有鲜明的传统文化特色	幼儿的理解能力与推理能力得到了提高	后续可以更换不同的谜语内容和猜谜形式
贴对联	设计成立体的茶馆，符合幼儿探究性学习的需求	茶馆模型和对联充分展现了中国的传统文化	幼儿的观察能力以及探究水平得到了提高	可以逐步增加对联的难度，运用更多的对联内容
四季屏风	将袖珍屏风开发成一份学具，幼儿非常喜欢	正反折叠屏风有浓郁的中国文化特色	幼儿的语言更丰富了，观察事物的能力获得了发展	可设计出相关的记录单，幼儿完成屏风的制作
欣赏古诗三首	巧妙地将一次性纸盘改造成仿古瓷盘，材料设计新颖，具有创意	用瓷盘欣赏中国古诗词，完美地体现了中国文化	通过与材料互动，幼儿的语言理解能力得到了提高	瓷盘上的古诗可以更换
……				
……				
……				
……				

第二节 语言区幼儿活动评析方法

《纲要》在"教育评价"部分明确指出，对幼儿的发展状况进行评价时，要注意"全面了解幼儿的发展状况，防止片面性，尤其要避免只重视知识和技能，忽略情感、社会性和实际能力的倾向"。我们根据《纲要》的精神，致力于在区域活动实践中，探索如何对幼儿进行全面综合的评价，从而促进幼儿和谐发展。对幼儿活动的正确评价，一方面有助于教师了解幼儿的区域活动情况以及个性发展状况，另一方面可以更好地观察幼儿的兴趣特点以及个体差异性。同时，有效的评价手段能够让教师在对幼儿进行综合观察评价的基础上，针对每个幼儿提出个性化的指导建议，并为其提供适宜的区域环境。因此，运用科学的评析方法不仅能够更好地了解幼儿语言学习的适宜性、有效性，还有助于教师调整和改进语言课程结构，促进每个幼儿的发展，从而达到提高教育质量的目的。

一、语言区幼儿活动评析内容

在语言区幼儿活动评析表中，包含有评析对象的姓名、性别、所在班级、所在区域、所操作的材料名称、本次活动的操作时间、指导教师、评议者和表格的记录日期。评析的项目包含情感、态度、能力、知识四个方面。这些项目都有相应的评价要点，每一个评价要点都会根据小、中、大班幼儿能力及发展水平的不同，设计出不同的评价维度。教师观察幼儿在活动中的具体表现，记录后给出评价分值，最后根据各项目的得分进行综合评价，通过综合考量得出等级。教师通过综合评价的结果，分析出每个幼儿的发展情况，并根据不同幼儿的发展及需求调整教育策略，制定出个性化的指导方案，为其创设适宜的学习环境，提供适合"最近发展区"学习的区域操作材料，让每一个幼儿在原有基础上获得不同程度的发展。

情感方面：教师对语言区幼儿情感方面的评价主要指向三个方面，包括选择材料、与同伴的关系以及对教师的信任程度。在不同的年龄段，教师对幼儿提出的要求各有不同，对小班的要求相对较低，随着幼儿年龄的增长，教师对中、大班幼儿的要求逐步提高。如：小班幼儿要能在教师引导下选择语言区材料，中班幼儿要能自主选择语言区材料，大班幼儿则要能根据自己的发展需要选择适宜的语言区材料。同样，同伴关系和师生关系的评价要点，针对不同年龄段的幼儿也有所差异，在选择材料时，幼儿从被教师引导到按需求选择材料，逐步呈现出一种开放性的状态。在生生关系与师生关系中，从最基本的互动要求到彼此之间合作、主动寻求帮助，层层递进，展现了良好的同伴及师生关系，从评价中能够更加真实地了解班级幼儿情感的发展程度。

态度方面：评价幼儿在语言区活动中的态度，通常会从幼儿在活动中的规则意识、意志力、专注力、坚持性、克服困难的能力等方面进行观察和评价。各年龄段的态度评价侧重点有所不同，比如：评价小班幼儿时侧重于幼儿能否在教师的引导和鼓励下完成材料的探索并克服遇到的困难；评价中班幼儿则侧重于幼儿能否在材料的引导下专注、独立地完成工作，在遇到困难时，能否主动借助于外界力量（同伴和教师）解决问题；评价大班幼儿则更加侧重于主动性和专注度方面，即幼儿能否做到不受周围环境的干扰，坚持在较长的时间内独立完成材料操作，能否想出各种办法解决遇到的困难，等等。教师对幼儿在语言区活动中的种种表现进行观察，通过评价表格中的各个项目要点进行系统评价，这样的评价更能准确地反映幼儿良好学习品质的提高。

能力方面：幼儿在语言区活动中的能力主要是指幼儿在个别学习的过程中动手操作材料的能力，在探究过程中发现问题、解决问题的能力，以及社会交往能力等。教师为幼儿提供各种操作性强的语言学习材料，并观察记录下幼儿在操作过程中的各种表现，通过评析表判断幼儿的语言能力是否得到发展。如：小班幼儿年龄小，对材料探究的积极性和主动性不够，教师为其提供的材料中以听、说材料为主，多采用形象逼真的动植物以及较为真实的场景，这些因素能够引发幼儿的学习兴趣，促使他们选择自己喜欢的材料并与材料进行互动，从而在教师的帮助下有始有终地完成操作。对中、大班幼儿则主要针对幼儿操作材料时的条理性和挑战难度的能力来进行评价。当幼儿遇到有难度的操作材料时，通常会表现出屡试不成功便放弃挑战、寻求同伴或教师的帮助、长时间执着地进行探究等各种现象。观察中，教师根据幼儿通常会有的种种表现，评估出幼儿发现问题和解决问题的能力，针对轻易放弃的幼儿制定出最佳培养方案，在今后的语言区活动中对其进行有针对性的个别指导，以此促进幼儿各方面能力的提高。

知识方面：评价的主要内容为幼儿在与语言区材料的互动中是否通过材料的操作掌握了系统性的知识。教师在观察幼儿与语言区材料互动的过程中，重点从知识经验的运用与相关知识的吸收程度、知识经验的分享与拓展等方面对幼儿进行评价。如：语言区材料涵盖听、说、读、写等多种能够刺激幼儿学习和运用语言的知识要点，这些知识要点分散在不同的可操作材料中，幼儿在与材料互动时，掌握有关字、词、句、篇的相关知识，从而不断积累各种语言经验，在生活中加以运用、拓展并延伸。教师在此项目的评价过程中，能够较好地掌握班上所有幼儿的语言发展水平，找到每个幼儿在语言发展方面的优势与不足，做到取长补短，在后续指导中帮助其系统、全面地学习语言方面的知识，有效地运用语言知识与经验。

小、中、大班幼儿语言区活动评析表如下（见表4-5、表4-6、表4-7）。

表4-5 小班幼儿语言区活动评析表

幼儿姓名： 性别：男 女 所在班级：小_____班
所在区域： 材料名称： 操作时间：
指导教师： 评议者： 日期：

要点项目	评价项目要点	评价分值	
		参考最高分值	评价实际分值
情感（30）	1. 能在教师引导下选择语言区材料	10	
	2. 能与同伴友好相处	10	
	3. 需要时能接受教师的帮助	10	
态度（20）	1. 能在教师引导下专注地完成语言区材料探索	10	
	2. 能在教师鼓励下克服困难完成材料探索	10	
能力（30）	1. 能自主选择自己喜欢的语言区材料	15	
	2. 能在教师引导下有始有终地完成语言区材料探索	15	
知识（20）	1. 了解语言在生活中的作用	10	
	2. 基本了解小班语言区知识与经验	10	
各分项目得分	情感	态度	能力	知识	总分
综合评价	优秀（85—100分）	良好（75—84分）	合格（60—74分）	不合格（60分以下）
等级水平				
分析评价结果				
教育策略的调整与改进				

表 4-6　中班幼儿语言区活动评析表

幼儿姓名：　　　　　　性别：男　女　　　　所在班级：中＿＿＿＿班
所在区域：　　　　　　材料名称：　　　　　　操作时间：
指导教师：　　　　　　评议者：　　　　　　　日期：

要点 项目	评价项目要点	评价分值	
		参考最高分值	评价实际分值
情感 （30）	1. 能自主选择语言区材料	10	
	2. 在教师引导下合作完成语言区材料探索	10	
	3. 需要时能主动寻求教师的帮助	10	
态度 （20）	1. 能在材料引导下专注地完成语言区材料探索	10	
	2. 能借助于同伴、教师的力量克服困难，完成语言区材料探索	10	
能力 （30）	1. 能有条理地完成语言区材料探索	15	
	2. 能挑战有难度的语言区材料	15	
知识 （20）	1. 能将语言经验运用于生活中	10	
	2. 基本掌握中班语言区知识与经验	10	
各分项目 得分	情感	态度	能力	知识	总分
综合评价	优秀 （85—100分）	良好 （75—84分）	合格 （60—74分）	不合格 （60分以下）
等级水平				
分析评价 结果				
教育策略 的调整与 改进				

表 4-7 大班幼儿语言区活动评价表

幼儿姓名：　　　　　　性别：男　女　　　所在班级：大_____班
所在区域：　　　　　　材料名称：　　　　　操作时间：
指导教师：　　　　　　评议者：　　　　　　日期：

要点 项目	评价项目要点	评价分值	
		参考最高分值	评价实际分值
情感 （30）	1. 能根据自己的发展需要选择适宜的语言区材料	10	
	2. 自发与同伴合作探索语言区材料	10	
	3. 主动邀请教师合作探索语言区材料	10	
态度 （20）	1. 不受环境干扰，独立完成语言区材料探索	10	
	2. 能想办法克服困难，完成语言区材料探索	10	
能力 （30）	1. 主动完成对多重而步骤复杂的语言区材料的探索	15	
	2. 能根据自身需要均衡地选择语言区材料	15	
知识 （20）	1. 能主动将语言知识进行归纳与迁移	10	
	2. 能熟练运用大班语言区知识与经验	10	
各分项目得分	情感	态度	能力	知识	总分
综合评价	优秀 （85—100分）	良好 （75—84分）	合格 （60—74分）	不合格 （60分以下）
等级水平				
分析评价结果				
教育策略的调整与改进				

二、大班语言区幼儿评析表（实例）

从以上小、中、大班幼儿语言区活动评析表中可以看出，虽然评析的项目都包含有情感、态度、能力、知识四方面的内容，但是教师针对不同年龄段制定出的评价项目要点是有差别的，每个年龄段的评价要点要充分体现出本年龄段幼儿的学习特点、学习内容及不同的教育目标。例如：在态度方面，小班幼儿的专注力和持久性不强，遇到困难时自我调节的能力与解决问题的能力欠缺，因此，在确定评价要点时，基于幼儿专注力不强的特点，教师仅仅提出了能够在教师的引导下专注地完成语言区材料探索的目标。在解决困难方面，教师充分考虑到小班幼儿语言表达能力有限、社会交往经验不足等特点，鼓励幼儿在教师的帮助下克服困难，完成材料探索。随着幼儿年龄的增长，他们各方面的能力都不断提高，教师在态度方面的评价中逐渐对幼儿提出了更高的要求，不仅增加了更多的评价内容，还提高了评价标准。这种分年龄、分层次、分标准的评价方式，能够很好地反映出幼儿在语言区活动中的真实状态，可成为教师了解、分析幼儿很好的依据，为后续语言区的学习提供了更加有力的保障。以下我们将展示一份教师填写的、完整的大班幼儿语言区活动评析表（见表4-8），供大家参考。

第四章 语言区活动评价

表 4-8 大班杨天天语言区活动评析表

幼儿姓名：杨天天　　　性别：男√　女　　　所在班级：大一班
所在区域：语言区　　　材料名称：四季屏风　　操作时间：30 分钟
指导教师：叶老师　　　评议者：叶老师　　　　日期：2017 年 9 月 21 日

项目 要点	评价项目要点	评价分值 参考最高分值	评价分值 评价实际分值
情感（30）	1. 能根据自己的发展需要选择适宜的语言区材料	10	10
	2. 自发与同伴合作探索语言区材料	10	8
	3. 主动邀请教师合作探索语言区材料	10	9
态度（20）	1. 不受环境干扰，独立完成语言区材料探索	10	10
	2. 能想办法克服困难，完成语言区材料探索	10	9
能力（30）	1. 主动完成对多重而步骤复杂的语言区材料的探索	15	13
	2. 能根据自身需要均衡地选择语言区材料	15	14
知识（20）	1. 能主动将语言知识进行归纳与迁移	10	9
	2. 能熟练地运用大班语言区知识与经验	10	8
各分项目得分	情感 27	态度 19	能力 27	知识 17	总分 90
综合评价	优秀（85—100 分）	良好（75—84 分）	合格（60—74 分）	不合格（60 分以下）
等级水平	√			

续表

分析评价结果	天天在本次语言区活动中选择了"四季屏风"的材料。这份材料的设计具有浓郁的中国传统文化特色，从材料的载体到画面的颜色都能够充分激发幼儿动手探究的兴趣。虽然这份材料的操作步骤相比其他材料要多，需要幼儿花费较长的时间和较多的耐心，但是它长期以来一直是最受幼儿欢迎的材料。天天是男孩，却主动选择了这份材料并在单位时间内完成了操作，教师对天天的评价为优秀。 从教师对天天的评价分值中可看出，他在自主选择材料、不受外界干扰独立完成材料探索、语言知识的归纳与迁移等方面比较出色，说明他自主学习能力、主动探究能力、做事情的专注度和持久性都较强，已经具备了较好的学习品质。但是，教师在观察的过程中也发现了一些问题，如：当有同伴向他提出共同操作这份材料的要求时，他表现得不乐意并且用手把同伴推开；当他在操作这份材料时，按照操作步骤，屏风需要正反立起来，但是他找不到材料中隐藏的提示，导致屏风反复倒下，他一度出现了焦虑不安的情绪反应，最终在教师的指导下完成了此次活动。
教育策略的调整与改进	针对天天在本次活动中表现出来的问题，教师在后续的教育策略中做出了以下调整和改进： 1. 从情感上鼓励天天多与同伴交流，学会主动邀请同伴共同探索材料，学会用正确的语言和情绪表达自己的愿望。 2. 对于天天在操作过程中所表现出来的良好学习品质，教师及时给予表扬和鼓励，以增强他的自信心。 3. 在今后的区域活动中提醒他注意材料中蕴含的小细节，让他学会通过材料的引导独立完成任务，提高自我解决困难的能力。

[1] 霍力岩, 等. 幼儿园课程开发与教师专业发展——比较研究的视角 [M]. 北京: 教育科学出版社, 2006.

[2] 王微丽, 霍力岩. 支架儿童的主动学习——经历 经验 经典 [M]. 北京: 北京师范大学出版社, 2016.

[3] 王微丽. 幼儿园区域活动——环境创设与活动设计方法 [M]. 北京: 中国轻工业出版社, 2014.

自 2000 年起,深圳市莲花二村幼儿园与北京师范大学霍力岩教授合作,开始探索区域活动在中国发展的新思路和新模式。在课程开发初期,我们积极学习并借鉴了蒙台梭利教学法(Montessori Method)中的区域材料设计和布置方法,在推进过程中,我们不断接触到新的幼儿教育理论和课程模式,如多元智能理论(Multiple Intelligences Theory)和高宽课程(High/Scope Curriculum)等,促使我们进一步创新原有的区域活动课程及材料设计。同时,我们以国家颁布的《幼儿园教育指导纲要(试行)》和《3—6 岁儿童学习与发展指南》作为主要参考文献,从中解构梳理出系统的课程目标体系,从而指导区域材料的设计、完善与本土化。通过长达十多年的反复摸索,我们不断进行调整、提升、融合,最终建构出了一套卓越的、适合中国的幼儿个别化区域学习课程。

在霍力岩教授的带领下,深圳市莲花二村幼儿园已经陆续出版了《幼儿园多元智能做中学综合主题课程(教师用书)》《幼儿园区域活动——环境创设与活动设计方法》和《支架儿童的主动学习——经历 经验 经典》等课程资源。2014 年出版的专著《幼儿园区域活动——环境创设与活动设计方法》,已成为一线幼儿园教师的重要工具书之一,市场反响非常热烈,不断有来园参访、交流、学习的专家、学者及同行提出,希望看到更为详细、更有实践指导价值的有关区域材料体系的书籍。基于对我园课程进行持续深入的总结之需,以及外界同行的强烈要求,我们对园内十几年积累的素材进行了整理、提升,这些区域材料的精华就是本书中大量鲜活素材的原型。而本书集中展现的是区域材料体系中的语言区材料体系,通过解读语言区、语言区材料案例、语言区中教师对幼儿的支持、语言区活动评价等四个方面,全面地呈现了幼儿园语言区材料制作与投放,活动中教师的指导策略,以及活动后的评价与反思。此书的出版能为一线幼儿教师在创设语言区环境、科学地开展语言区域活动方面提供参考和借鉴,对幼儿园开展区域活动具有重要的指导作用。

在本书撰写的过程中,王微丽、何红漫、刘隼进行了框架的搭建与完善;在建构框架的基础上,何红漫、刘隼完成了第一章、第三章、第四章的撰写;张艳茹作为主要案例负责人统筹安排,范莉、赵文琪等教师配合,收集、整理第二章中的案例,张艳茹负责完成所有具有中国传统文化元素的材料的收集、制作与书写,范莉负责完成有关句子、篇章方面的材料的收集、制作与书写,赵文琪负责完成有关字、词方面的材料的收集、制作与书写;何红漫、刘隼对全书进行了修改与完善;最终的定稿工作由何红漫、刘隼两位教师共同完成。本书的撰写与出版凝聚了许多人的心血、关心与帮助,有北京师范大学霍力岩教授的亲临指导,有"万千教育"吴红主任的全程指引,有深圳市实验幼教集团有限公司林瑛熙、吕颖、黄立志、韩智等领导的理解支持,有香港大学教育学院杨伟鹏博士对课程的梳理,有深圳市莲花二村幼儿园全体教职工的默默付出。他们无私的奉献使本书得以完成,在此一并表示感谢!在写作过程中,我们尽了最大的努力,但由于水平所限,本书必定存在不足之处,恳请各位读者批评指正。

深圳市莲花二村幼儿园

何红漫　刘隼

2017 年 10 月 29 日

"幼儿园区域活动材料丛书"
（全彩）

王微丽　霍力岩　主编

《幼儿园语言区材料设计与评价》　定价：60.00元
《幼儿园数学区材料设计与评价》　定价：60.00元
《幼儿园生活区材料设计与评价》　定价：60.00元
《幼儿园科学区材料设计与评价》　定价：60.00元
《幼儿园社会区材料设计与评价》　定价：60.00元
《幼儿园艺术区材料设计与评价》　定价：60.00元

以丛书为代表性成果的研究荣获"广东省教育教学成果（基础教育类）一等奖"

"幼儿园区域活动材料丛书"与《幼儿园区域活动——环境创设与活动设计方法》（第二版）相得益彰，全面地展示了幼儿园区域环境创设、材料设计与投放、活动开展与评价的方法……

《以游戏为中心的幼儿园课程》

［美］Judith Van Hoorn 等 著
史明洁 等 译
定价：82.00元

美国幼儿游戏研究领域的先驱者，手把手教你如何把游戏故事、游戏理论和幼儿园五大领域课程完美地结合起来。

《幼儿园自主游戏观察与记录——从游戏故事中发现儿童》（全彩）

董旭花 等 著
定价：58.00元

我国著名幼教专家董旭花老师在这本书中告诉我们——"儿童是有能力、有自信的学习者和沟通者"。

《幼儿园户外环境创设与活动指导》（全彩）

董旭花 等 著
定价：72.00元

国内第一本从理论到实践，系统阐述幼儿园户外环境创设的图书。

《幼儿教育课程》（第四版）

［美］K. E. Catron 等 著 李敏谊 等 译
定价：82.00元

我们不应该把课程看作一个包装好的产品，而应该把它看作一个动态的和发展的过程。

专业图书，陪伴您的专业成长。扫一扫下方二维码，更多优质图书等着您！

万千教育微信公众号

官方微店